第三百千（上）

主编　曲祖峰

内容提要

为深入贯彻落实教育部《完善中华优秀传统文化教育指导纲要》，推动中华传统文化深入课堂，引导学生感悟传统文化精神内涵，适应人才培养需求，提高人才培养质量，深入普及国学文化，特编写本教材。

本书内容主要包括：《弟子规》《三字经》《百家姓》和《千字文》等国学读物。本书可供职业学校教学使用，也可作为学生自学用书，同时可供社会人士阅读参考。

图书在版编目（CIP）数据

弟三百千．上／曲祖峰主编．—天津：天津大学出版社，2014.7

ISBN 978-7-5618-5128-9

Ⅰ．①弟…　Ⅱ．①曲…　Ⅲ．①古汉语－启蒙读物　Ⅳ．①H194.1

中国版本图书馆 CIP 数据核字（2014）第 171924 号

出版发行　天津大学出版社
出 版 人　杨欢
地　　址　天津市卫津路 92 号天津大学内（邮编：300072）
电　　话　发行部：022-27403647
网　　址　publish.tju.edu.cn
印　　刷　天津市蓟县宏图印务有限公司
经　　销　全国各地新华书店
开　　本　185mm × 260mm
印　　张　15.25
字　　数　381 千
版　　次　2014 年 8 月第 1 版
印　　次　2014 年 8 月第 1 次
定　　价　29.80 元

编委会

主　编:曲祖峰

副主编:杨兆发　　孙科燕

林雪梅　　马　丽

参　编:李静平　　徐丽婷

丁新洁　　刘巍巍

前 言

诵读国学经典,体现时代特色,开启智慧人生。中华文化源远流长,博大精深,内涵丰富,国学经典更是堪称“母乳”。学习中华文化,继承中华民族的光荣传统,是我们中国人的立命之本,更是中职学生健康成长的重要能量。

《弟三百千》包括《弟子规》《三字经》《百家姓》和《千字文》。其中《三字经》《百家姓》和《千字文》均为国学启蒙读物,《弟子规》则是童蒙养正、闲邪存诚的最佳读物。这四部国学作品是中华民族珍贵的文化遗产,其独特的思想价值和文化魅力为世人所公认,被历代中国人奉为经典,并不断流传。编者在对这些作品深入学习、反复研讨、优化整合后,编纂了一部规范言行举止、提升道德境界及追根溯源、了解常识的浅显易懂的国学基础教材。本书继承了文化精髓,被赋予了时代新意,为学生学习了解中华文化开启了一个窗口,适合职业学校学生使用。

本书分为上、下两册,上册收录了《弟子规》和《三字经》,下册收录了《百家姓》和《千字文》。本书在编写过程中,除原汁原味地展现四部经典原文外,还设立了【注释】、【解读】、【译文】、【成语名言】、【知识拓展】、【课后思考】、【课后实践】等项目。【注释】针对原文中较难理解的字词进行解释,【解读】和【译文】用通俗易懂的语言解读原文,方便学生理解,【成语名言】、【知识拓展】中精选了与原文相关联的故事、成语或名言警句等,【课后思考】针对原文设计思考题,【课后实践】让学生在学习的基础上理解应用。这些设计,让学生对经典的诵读与理解变得更轻松、更易接受,且将终生受益。

随着年龄的增长和阅历的丰富,对于《弟三百千》中蕴含的思想和智慧,学生一定会慢慢消化,逐步理解,并践行于生活。愿学生们从经典诵读中继承中华文化的精髓,立志成才,实现自已的梦想,获得幸福美满的人生。

本书由吉林机电工程学校校长曲祖峰主编,杨兆发、孙科燕、林雪梅和马丽任副主编。全书执笔情况如下。

第一部分:丁新洁、曲祖峰

第二部分:李静平、马丽

第三部分:刘巍巍、孙科燕、林雪梅

第四部分:徐丽婷、杨兆发

全书最后由孙科燕、马丽和林雪梅统稿。

在本书的编写过程中，参考了大量的有关著作、文献资料和图片资料，在此一并向有关作者表示真诚的感谢。

由于编写时间仓促，编者能力有限，书中难免有疏漏和不妥之处，敬请批评指正。

编者

2014 年 6 月

目　录

第一部分　《弟子规》

第二部分　《三字经》

第一部分 《弟子规》

《弟子规》简介

《弟子规》原名《训蒙文》，由清朝康熙年间秀才李毓秀所作。后经清朝贾存仁修订，并改名为《弟子规》。《弟子规》是童蒙养正，教育子弟敦伦尽分、闲邪存诚的最佳读物。

“弟子”就是学生，也可以说成父母的孩子，再广泛来讲，弟子可以指每一个人。因为人一辈子都在学习，正所谓“活到老，学到老”。既然都在学习，理所当然就是学生。“规”指规范、道理，也就是做人应遵守的道理，做人应遵守的规范。“弟子规”三个字说明了全文的主旨，就是教我们如何做一个善良的人，做一个孝顺父母的人，做一个有礼貌的人。

全书共360句，1080字。内容采用《论语·学而》第六条“弟子入则孝，出则弟，谨而信，泛爱众，而亲仁，行有余力，则以学文”的文义，以三字一句、两句一韵，编纂而成。含“总叙”在内共八个部分，主要教我们六门“主课”，即“孝、悌、谨、信、泛爱众、亲仁”和一门“辅助课程”即“余力学文”，具体列举了为人子弟在家、外出、待人、接物和求学应有的礼仪、态度和规范。

总叙

dì zǐ guī shèng rén xùn shǒu xiào tì cì jǐn xìn

弟子规 圣人训 首孝弟 次谨信

【注释】

1. 圣人:指儒家创始人孔子。

2. 训:教训,教诲。

3. 孝:善待长辈,对父母、长辈服从和奉养。

4. 弟:读 tì,通“悌”,敬爱兄长,这里可理解为同辈之间的相互尊敬和友爱。

5. 谨:郑重、恭敬。

6. 信:诚信。

【解读】

《弟子规》是依据至圣先师孔子的教诲而编成的生活规范。首先,要做到孝顺父母,友爱兄弟姊妹。其次在日常生活中的言语、行为要恭敬郑重,诚恳守信。

【成语名言】

天地之性,人为贵。人之行,莫大于孝。——《孝经·圣治》

夫圣人之德,又何以加于孝乎。——《孝经·圣治》

夫孝,天之经也,地之义也,民之行也。——《孝经·三才》

夫孝,德之始也;悌,德之序也;信,德之后也;忠,德之正也。——《曾子·子思子》

fàn ài zhòng　ér qīn rén　yǒu yú lì　zé xué wén

泛爱众　而亲仁　有余力　则学文

【注释】

1. **泛**:广泛。

2. **亲仁**:仁即仁德。这里指亲近有道德和仁爱之心的人。

3. **余力**:多余的精力。

4. **文**:学问,泛指文化知识和技能,这里还包括各种有益的兴趣和爱好。

【解读】

和大众相处时要平等博爱,当我们遇到有道德和仁爱之心的良师益友,一定要好好珍惜,多多亲近,并向他们学习。若在做到"孝、悌、谨、信、泛爱众和亲仁"之后,还有多余的时间和精力,不要浪费,要努力学习文化知识和技能,更好地充实自己。

【知识拓展】

"仁"由"人"和"二"两个字组成,《说文解字》中认为,"仁"的本义指两个人之间互相关爱,和谐相处。"仁"是儒家思想的核心,春秋时期的孔子把"仁"单独提出来,并希望当时的君王能够施行"仁政",使天下人民能够互敬互爱,和谐相处。

董遇巧用三余

三国时期,魏国有一个人叫董遇。他自幼生活贫苦,整天为生活而奔波。但是他只要

一有空闲时间，就坐下来读书、学习，所以知识很渊博，到了四十岁的时候，他的名气已经很大了，人们都很佩服他。附近的人纷纷前来求教，并问他是如何学习的。董遇告诉他们说："虽然我每天都很忙，但我想，只要想学习，总会有时间的。我学习的时间就是三余。"

有人急忙问："什么是三余呀？"

董遇笑着说："学习要利用三余，也就是三种空余时间：冬天是一年农闲之余，晚上是一天繁忙之余，雨天是平日劳作之余。"（冬者岁之余，夜者日之余，阴雨者时之余）

人们听了，恍然大悟。原来"三余"就是一切可以用来读书、学习，提高自己水平的时间。

入则孝

【知识拓展】

什么是“孝”？

“孝”字上半部分取了“老”字头，下半部分是一个“子”字。从字形上不难看出，“孝”是老与子的关系，说明老一代和子一代是融成一体的，这就是孝。

当子还小时，老一辈的人将小一辈人护在身下，遮风挡雨。当老一辈人老了，小一辈人有能力时，需要用肩膀扛起老一辈人前行，这是作为子女或晚辈的责任和义务。

父母养育子女是人之天性，子女赡养父母是天理。《孝经·开宗明义》篇中说：“夫孝，德之本也，教之所由生也。”在学习孝道的基础上再去学习文化知识才是真正的教育。这就是教育的“教”字，由“孝”和“文”组成的道理。

思考 我们应该如何行孝？

孝子之事亲也，居则致其敬，养则致其乐，病则致其忧，丧则致其哀，祭则致其严。五者备矣，然后能事亲。

——《孝经·纪孝行》

金文的老字　金文的孝字　楷书的孝字

fù mǔ hū　yìng wù huǎn　fù mǔ mìng　xíng wù lǎn

父母呼　应勿缓　父母命　行勿懒

【注释】

1. 呼:招呼,呼唤。
2. 应:读"yìng",回应,答应。
3. 勿:不要。
4. 缓:迟缓,缓慢。
5. 命:吩咐,指教。
6. 懒:懒惰,偷懒。

【解读】

听到父母呼唤,应该立即回答,不要慢吞吞地很久才应答;父母交代我们做的事情,要马上行动,不可以推辞或偷懒。

【知识拓展】

夫孝,始于事亲,中于事君,终于立身。

——《孝经·开宗明义》

释义　所谓尽孝,是从侍奉父母开始的,其次是忠心地侍奉君主,最后是成就自身的德业。孝忠相通,孝始忠结。

故爱其亲,不敢恶人;敬其亲,不敢慢人。爱敬尽于事亲,光耀加于百姓,究于四海,此天子之孝也。

——《吕氏春秋·孝行览》

释义　爱父母的人不敢厌恶他人,敬父母的人不敢侮慢他人。将爱心与敬心全部用来侍奉父母,把这种孝道的德教施加给天下百姓,为四海人民作出典范,这就是天子之孝。

【课后实践】

父母呼,应勿缓

在父母、老师或其他长辈召唤我们时,及时应答,表示听到了对方的召唤,并快速地来到他们面前,询问他们有什么事情。

fù mǔ jiào　xū jìng tīng　fù mǔ zé　xū shùn chéng

父母教　须敬听　父母责　须顺承

【注释】

1. **教**:教导,教诲。
2. **须**:必须,一定要。
3. **敬**:恭敬,尊敬。
4. **责**:责备,责罚。
5. **顺**:顺从。
6. **承**:承受,承担,接受。

【解读】

父母教导我们做人处事的道理,是为了我们好,应该恭敬而专心地聆听。做错了事,父母责备、教训时,我们要诚恳、顺从地接受,不能使父母生气、伤心。

【知识拓展】

孝需顺

子曰:今之孝者,是谓能养。至于犬马,皆能有养;不敬,何以别乎?——《论语·为政》

释义　孔子说:现在的人啊,以为仅仅给父母吃好、穿好,让他们衣食无忧就可以叫作孝顺了。但是像狗和马这样的牲畜,也能养活它们的父母,替它们服劳役。如果人内心没有一份真挚的对父母的尊敬之情,与狗、马又有什么区别呢?

【课后实践】

敬听与顺承

“君子闻过则喜，小人闻过则怒。”当我们做错事情，要知道老师或家长教育我们是为了让我们更好地成长，这时要用心聆听，认清自己的错误。面对长辈的责备要虚心接受，不要反言顶撞。要成为一个既孝又顺的孩子。

回忆反思一下，你在哪些事情上没做到敬听顺承？你当时的做法对不对？顶撞父母、师长后自己的心情真的好吗？

dōng zé wēn　xià zé jìng　chén zé xǐng　hūn zé dìng

冬则温　夏则凊　晨则省　昏则定

【注释】

1. **温**：温暖，暖和。
2. **凊**：凉爽，冷。
3. **省**：探望，请安。
4. **定**：定省，这里是服侍父母就寝的意思。

【解读】

冬天要让父母防寒保暖，夏天要让父母清爽凉快。早晨起床后要向父母道“早安”或“早上好”；晚上入睡前要帮父母铺好被褥，服侍父母就寝。

【知识拓展】

黄香扇枕温席

东汉江夏的黄香，博通经典，文采飞扬，曾任魏郡太守，著有《九宫赋》《天子冠颂》等作品。九岁时，母亲去世；终日思念母亲，感伤其怀，情之切切，乡党们都夸他孝顺。他见父亲劳作辛苦，伺候父亲非常尽心。夏天酷热，他用扇子为父亲扇凉枕席；冬天寒冷，他用身体为父亲温暖被褥。太守刘护大为惊喜，特意表彰了他。

思考　黄香九岁就能为父亲扇枕温席，我们能为长辈做些什么呢？

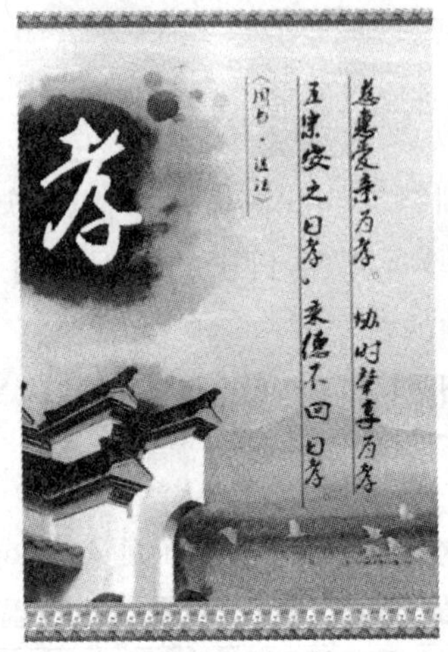

chū bì gào　fǎn bì miàn　jū yǒu cháng　yè wú biàn

出必告　反必面　居有常　业无变

【注释】

1. **出**:外出,离开家里。
2. **告**:告诉,告知。
3. **反**:同“返”,返回家里。
4. **面**:当面(报平安)。
5. **居**:生活起居。
6. **有常**:有一定规律。
7. **业**:职业,做事。
8. **无变**:不随意变动。

【解读】

外出离家时,须告诉父母自己的去向和出去的事由。回家后要当面告诉父母“我回来了”,让父母安心。平时生活起居,要保持正常的规律,不要轻易改变自己的职业,以免父母担心。

【知识拓展】

起居有常的原因

天体运行的变化、一年四季的变迁及人体的生命活动，都有其内在的节律，因为人是宇宙自然的一部分，因此人体生命活动所依赖的气血、阴阳也会受到日月、星辰和四时的影响而发生周期性的盛衰。

因此我们的作息要遵循"春夏养阳，秋冬养阴"的原则。春夏之季，气候由凉转温，正是阴消阳长、万象更新之时，此时需要多做些户外活动，使阳气更加充足；秋冬之季，气候由温转凉，阳消阴长，肃杀寒冷，此时需要注意防寒保暖，避之有时，使阳气不至于妄泄。这样就能顺应四季变化而体健长寿。同时也要顺应一日当中的阴阳变化，阳气以日中为最盛之时，到傍晚则势弱，人的起居和运动安排都要顺应这种变化，日出而作，日落而息，作息有规律，不然就会使身体受损。

【课后实践】

出必面，反必告

我们离开家出门时，要告知父母，同时要讲清以下五项内容。

①人物，要和什么人出去；②事情，要做什么事情；③时间，几点出去、几点回来；④地方，去什么地方；⑤联络的方式。

例：妈妈，我今天上午8:00要和江小丽去体育馆打球，中午11:00回家。江小丽的手机号是131××××××××。

只有说清了以上内容，家长才不会担心，在紧急情况时，能够以最快的速度找到自己。

回忆并反思，因为没有说明或隐瞒了自己的去向，而使父母联系不上我们时，他们是不是很担心、焦虑？这样做对吗？

shì suī xiǎo wù shàn wéi gǒu shàn wéi zǐ dào kuī

事虽小 勿擅为 苟擅为 子道亏

【注释】

1. 苟:假如,如果。

2. 擅:擅自。

3. 子道:作为子女应该做的。

4. 亏:亏损,缺欠。

【解读】

事情即使非常小,也不可以不经过父母同意就擅自做主,任性而为。假如擅自行动造成了错误让父母担心,有失我们为人子女的本分和品德。

【知识拓展】

事虽小,勿擅为

有一天,小伟在回家的路上遇到了一个陌生的叔叔上前搭讪。他问小伟想不想打工赚零用钱。小伟说:“想。”这个陌生的叔叔立刻拿出一包东西,只要小伟帮他把包裹送到指定的地方,交给张先生,并且向张先生收取四百元,小伟就可以拿到二百元的酬劳。

小伟心想,这么简单的事情,又有二百元可以赚,毫不考虑就答应了。到了指定地点,果真有人正在等候包裹。就在小伟正要和张先生一手交钱、一手交货的时候,旁边突然出现了两名警察,将他们逮捕,警察当场将包裹打开,里面全是盗版光盘。虽然小伟大喊冤枉,他只是帮人送货而已,但是警察仍然将小伟一同带回了派出所。

思考

(1)小伟犯了哪些错误呢?

(2)遇到这样的情况应该怎么办?

(3)遇到自己想不明白的事情时,应不应该征求父母的意见后再决定?为什么?

“勿以恶小而为之,勿以善小而不为”的来历

三国时,刘备临死前对儿子刘禅很不放心,将他托付给了诸葛亮,同时还给儿子留了一封信,作为父亲对儿子最后的叮嘱。信中说道:勿以恶小而为之,勿以善小而不为。惟贤惟德,能服于人。意思就是不要认为坏事小就去做,好事小而不去做。只有品德良好了才能让人信服。可是,在诸葛亮死后,刘禅开始宠信宦官,逐渐放纵自己,最后蜀汉灭亡,他也投降曹魏。

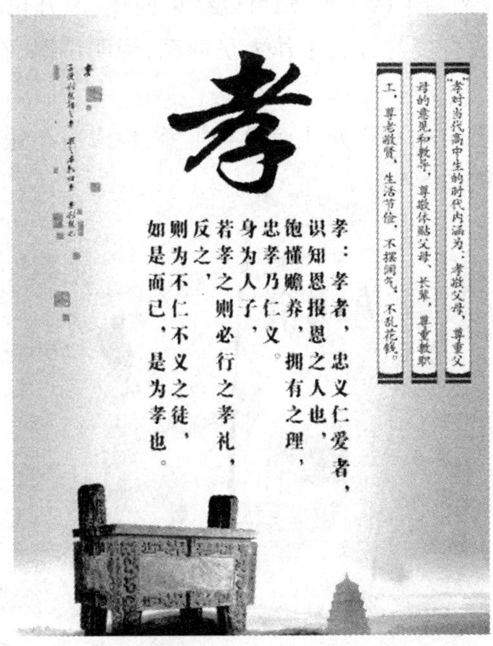

wù suī xiǎo　wù sī cáng　gǒu sī cáng　qīn xīn shāng

物虽小　勿私藏　苟私藏　亲心伤

【注释】

1. **私**：私自。
2. **藏**：据为己有。
3. **伤**：伤心，伤感。

【解读】

公物虽小，也不可以私自收藏、占为己有。如果擅自藏匿、占为己有，品德就有瑕疵，会让父母感到伤心、难过。

【知识拓展】

当提款机多吐钱时怎么办？

李强有一次想在银行外设的自动提款机里取出100元钱，可是自动提款机却意外地吐出了1 000元钱。这时李强应该怎么办呢？

首先，在没有取出银行卡时，需打印交易凭条。如果不能打印交易凭条，需进行下一步操作，不要离开自动提款机，并向摄像头展示自动提款机所吐钱币。不可将钱装入包里或与其他钱币混装在一起。

其次，快速查看自己银行卡上的余额，确认实际扣除金额是100元还是1 000元。

再次，如果实际扣除金额为1 000元，则可以结束操作，离开自动提款机；如果扣除金额为100元，需要及时报警，或直接与银行工作人员联系，说明情况，在原地等待工作人员或警察的到来。

如果李强私自拿走了多出的900元钱而没有报警，也没有与银行联系，会怎么样？

李强的行为将受到法律的严惩。

qīn suǒ hào　lì wèi jù　qīn suǒ wù　jǐn wèi qù

亲所好　力为具　亲所恶　谨为去

【注释】

1. **好**：喜欢，喜爱。
2. **力**：尽力。
3. **具**：准备，具备，置办。
4. **恶**：厌恶，讨厌。
5. **谨**：谨慎，小心。
6. **去**：去除，消除。

【解读】

父母有喜好的东西或有任何需求，为人子女应该尽心尽力地准备；父母所厌恶的事物，要小心谨慎地去除或改正（包括自己的坏习惯）。

【知识拓展】

"六亲"

"六亲"在历代的说法不一，当今泛指亲属，实际上是血亲和姻亲的泛指。父亲为一亲（包括父亲方的亲戚，如祖父母、叔伯、姑姑等），母亲为二亲（包括母亲方的亲戚，如外祖父母、舅、姨等），兄弟为三亲（包括嫂子、弟媳等），姐妹为四亲（包括姐夫、妹夫等），夫妻为五亲（包括公婆、岳父母等），子女为六亲（包括儿媳、女婿等）。

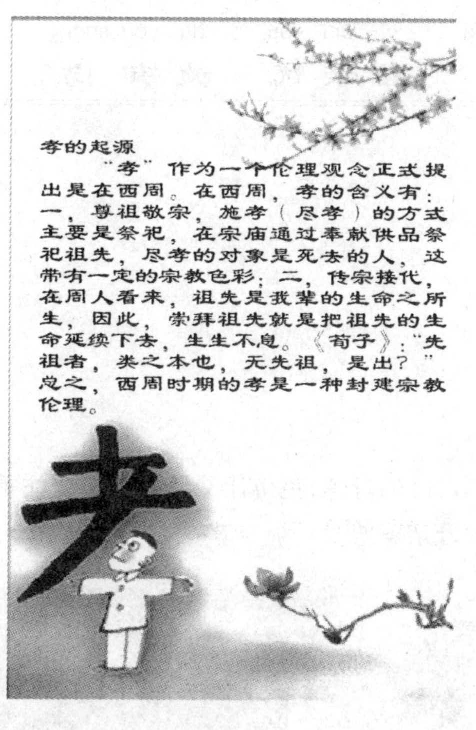

子欲养而亲不待

孔子在前往齐国的路上，突然听到有人在哭，听起来很悲哀。于是，寻声找去，看到一个身上披着粗布，抱着镰刀，在那儿痛哭的人。便问道：“先生，请问您是什么人？你家是不是有丧事？为何会哭得这样悲伤呢？”对方哽咽地说：“我叫丘吾子，我年轻时周游各国寻师访友，回来后我的父母却已经死了。我还没有报答他们的养育之恩，真是树欲静而风不止，子欲养而亲不待呀。过去了永远不会再回来的是年龄啊，再也不能见到的是父母啊！就让我从此辞别这个人世吧！”而后，丘吾子便投水自尽了。孔子感叹地对弟子们说：“你们应记住此事，这足以警诫我们。”

shēn yǒu shāng　yí qīn yōu　dé yǒu shāng　yí qīn xiū

身有伤　贻亲忧　德有伤　贻亲羞

【注释】

1. 伤:损伤。

2. 贻:送给,遗留。

3. 忧:担忧,忧虑。

4. 德:品德,德行。

5. 羞:蒙羞,感到羞耻。

【解读】

我们要懂得爱护、照顾自己的身体,免得让父母操心。要注重自己的品德和修养,不可以做出伤风败德的事,使父母亲蒙羞。

【成语名言】

孟子曰:"世俗所谓不孝者五:惰其四支,不顾父母之养,一不孝也;博弈好饮酒,不顾父母之养,二不孝也;好货财,私妻子,不顾父母之养,三不孝也;从耳目之欲,以为父母戮,四不孝也;好勇斗很,以危父母,五不孝也。"

——《孟子·离娄下》

qīn ài wǒ xiào hé nán qīn zēng wǒ xiào fāng xián

亲爱我 孝何难 亲憎我 孝方贤

【注释】

1. 爱:喜爱,疼爱。

2. 憎:憎恨,厌恶。

3. 贤:贤德。

【解读】

当父母喜爱我们的时候,孝顺是很容易的事;当父母不喜欢我们、讨厌我们,或者管教过于严厉的时候,我们还能克尽子女的孝道,反省、检讨自己,体会父母的心意,努力改过,并且做得更好,这种孝顺最难能可贵。

qīn yǒu guò jiàn shǐ gēng yí wú sè róu wú shēng

亲有过 谏使更 怡吾色 柔吾声

【注释】

1. 过:过错。

2. 谏:劝说,规劝。

3. 更:改变。

4. **怡**:和悦,快乐。

5. **色**:脸色,表情。

6. **柔**:柔和,柔软。

7. **声**:声音,话语。

【解读】

父母有过失、有不对的地方,为人子女基于尽孝,要劝父母不可以这样做。但劝导时要注意神情诚恳,态度温和,声音要柔和,话语不可太尖刻。

【知识拓展】

孝敬不等于盲从

孔子在《孝经·谏诤》中说:“父有争子,则身不陷于不义。故当不义,则子不可以不争于父,臣不可以不争于君;故当不义,则争之。从父之令,又焉得为孝乎!”

孔子反对一味盲从,反对愚忠、愚孝。主张做父亲的若有能谏诤的儿子,就不会陷于不义的行为之中,做儿子的若看到父亲有不义的行为,就应该直言相劝;为人臣子的若看到君王有不义的行为,就应该进言劝止。如果明知父亲的做法不对,又不去相劝,又怎么能算是孝呢?这些孝道的思想体现了孔子的辩证思想和民主思想。

女儿的来信

“爸爸,我希望您能早点儿回到我身边,我以后不再惹您生气了,我会等着您的……”这

是一个11岁的小学生，给因伤害他人在逃的犯罪嫌疑人父亲写的信件的一部分。带着思念、感伤和爱的一封封来信触动了这位父亲的心。

犯罪嫌疑人古强（化名）在逃亡生活中，每次和女儿宝宝（化名）通电话时，懂事的女儿都会告诉爸爸："我很想你，你不要犯罪了，回来投案自首吧，千万不要在外面干坏事了，我想要爸爸，不管判几年，我都等着，我带你去自首……"听着电话另一端年幼女儿的声声叮咛，古强放下电话号啕大哭。

在逃亡的3个月里，古强的内心发生了巨大变化，女儿的话让他鼓起了勇气，终于，在外逃亡3个多月的古强，在女儿的陪同下来到抚顺市公安局顺城分局葛布派出所投案自首。

思考 人非圣贤，孰能无过。父母也会犯错，在他们犯错、迷茫时，作为他们最亲近的人，我们有责任也有义务提醒和帮助他们改过自新。

jiàn bú rù　yuè fù jiàn　háo qì suí　tà wú yuàn

谏不入　悦复谏　号泣随　挞无怨

【注释】

1. **入**：接受，采纳。
2. **悦**：高兴，和颜悦色。
3. **复**：再次。
4. **号泣**：哭泣。
5. **挞**：鞭挞，这里指被打。

【解读】

如果父母不听劝解，要耐心等待，和颜悦色地再次劝导；父母不愿意听到我们这样劝告，我们虽难过得痛哭流涕，也要恳求父母改过，即使被打了，也不应该有所怨恨。以免陷父母于不义，使父母一错再错，而最终铸成大错。

【知识拓展】

孙元觉劝父

古时候,有个叫孙元觉的孝顺孩子。那个时代有一种说法,就是人到了60岁,因为年老体衰就要被送到山里自生自灭。一天,孙元觉的父亲要把年老病弱的祖父装在筐里,送到深山里扔掉。孙元觉拉着父亲,跪着哭求不要这样,但父亲不理。他猛然间灵机一动,说:“既然父亲要把祖父扔掉,我也没办法,但我有个要求。”父亲问什么要求,他说:“我要把那个筐带回来。”父亲不解道:“你要这个干什么?”“因为等你老了,我也要用它把你扔掉。”父亲一听,大吃一惊:“你怎么说出这种话!我可是你的亲生父亲呀!”孙元觉回答:“我的爷爷也是您的亲生父亲呀!”父亲想想,就没按以前的想法去做,赶紧把老人接回家赡养。

【课后实践】

亲有过,谏使更

想一想,你的父母有哪些生活习惯(如吸烟)或行为习惯(如说脏话)是不正确的。回家后,运用智慧,使他们心悦诚服地接受你的劝导,将不好的习惯改正过来,并把你的经验与老师和同学分享。

qīn yǒu jí　yào xiān cháng　zhòu yè shì　bù lí chuáng

亲有疾　药先尝　昼夜侍　不离床

【注释】

1. 疾:疾病。
2. 尝:尝试(温度)。
3. 侍:服侍,伺候。

【解读】

当父母亲生病的时候，子女应当递水送药，尽心尽力地照顾。若病情严重，更要在床边昼夜服侍，不可以远离他们。

【成语名言】

人生一日长一日，爹娘一年老一年，
劝人行孝当及时，莫许来日行孝愿。
等到父母去世后，想要尽孝难上难，
纵有猪羊灵前供，爹娘何曾到嘴边。
不如活着吃一口，粗茶淡饭也香甜。

——《劝孝歌》

"我认为天下最不能等待的事，就是行孝。" ——比尔·盖茨

【知识拓展】

背着母亲打工求学的当代孝子章少辉

章少辉考上了长春税务学院(现名为吉林财经大学)的几个月后，章妈妈因为一场意外车祸留下脑损伤后遗症，半身瘫痪且有时头痛、头晕难忍，不能上班。期末考试后不知情的章少辉带着优异的考试成绩回到河南的家中，得知母亲为了不影响自己学习而隐瞒病情时，放声痛哭。

为治好母亲的病，章少辉决定退学在家打工，章妈妈知道后哭骂着逼迫他回长春上学。章少辉白天在学校听课，中午、晚上和星期天出去打工，因为劳累过度，他曾在课堂上打过瞌睡；打工时，因为护送一位老大娘去医院，旷过两节课，因此院领导曾决定用劝退的方式开除章少辉。这时的章少辉既需要打工赚钱，又怕因自己影响全班成绩，也主动向老师提出了休学申请。但当院领导了解情况后，不想失去这位品学兼优的好学生，破例允许他在校外打工自学，期末回学院参加正常考试。

一边打工、一边自学的章少辉在年三十晚上回到家时,却发现母亲因怕拖累他想喝安眠药结束生命。章少辉向母亲保证,以后既要打工挣钱为母亲治病,也要努力把学习赶上去。章少辉不怕别人的挖苦、讥讽,也不怕同学看不起,靠自己打工挣钱解决学费和生活费,还寄钱给母亲看病,期末的学习成绩也赶上去了,还顺利通过了英语四级考试和计算机等级考试。

然而,屋漏偏逢连夜雨,为供孙子上大学将自己棺材本都卖掉的奶奶,不幸去世了,母亲因为伤心过度又犯了癫痫。

为了亲自照顾母亲,同时搞好最后一个学期的毕业考试,章少辉把母亲带到了长春,先后住过正在打工的建筑工地水泥毛坯房、临街旧楼屋檐下和没人住的窝棚小屋。章少辉一边打工照顾母亲,一边学习,终于完成了学业。这年冬天,章少辉考过最后两门课,又在网上报名参加了河南省国税系统招收公务员全国统一考试。

为了省钱给母亲看病,他脚蹬三轮车拉着母亲回河南。回到河南老家后,乡干部发现了章少辉背着母亲打工求学的事迹,主动向记者反映情况。《许昌晨报》《大河报》等国内众多报纸、网络媒体都纷纷刊登章少辉的感人事迹,中央宣传部《新闻阅评》小组高度赞扬了章少辉的优秀品德,时任中共河南省委书记徐光春批示:“要大力宣传章少辉为母亲治病的孝贤行为。”郑州某知名医院也为章妈妈提供了免费治疗。许昌市市委书记和市长还代表省委书记亲自到医院看望章少辉母子。

章少辉后被河南省国税局正式录用为国家公务员,又被评选为“全国十佳孝贤”。

sāng sān nián　cháng bēi yè　jū chù biàn　jiǔ ròu jué

丧三年　常悲咽　居处变　酒肉绝

【注释】

1. 丧:守丧。
2. 悲咽:因悲伤而泣不成声。
3. 变:调整,变化。
4. 绝:杜绝,禁绝。

【解读】

父母去世之后,守孝期间(古礼三年)要追思、感怀父母教养的恩德。生活起居必须调整、改变,不贪图享受,戒绝酒肉。

【知识拓展】

做个当代孝子并不难

要尊敬父母,不要自宠独尊;要爱怜父母,不要负心冷漠;

要心疼父母，不要心安理得；要关心父母，不要只顾自己；
要侍奉父母，不要忙碌疏亲；要回报父母，不要刮老啃老；
要赡养父母，不要嫌弃长辈；要慰藉父母，不要荒学徒悲；
要孝亲敬老，不要冷漠老人；要忠孝两全，不要以孝害忠。

学会孝亲

尽孝道是做人的本分，而孝不仅要对父母，更应该对一切长辈。以父母为例，圆满的孝需要做到以下四个方面。

1）养父母之身

我们一天天在长大，父母却一天天在衰老。因此对父母身体健康要懂得时时去关怀，要经常带他们去体检。在季节交替时，提醒他们增减衣服，吃东西要注意卫生。不能时常见面，也要经常打电话，关注父母的饮食起居。

2）养父母之心

要时常关注父母想念我们的心情，常主动陪父母吃饭、做家务、聊天。了解父母的兴趣爱好，使他们保持一个良好而愉悦的心情。

3）养父母之志

《孝经·开宗明义》说："立身行道，扬名于后世，以显父母，孝之终也。"就是说，用自己的德行奉献社会，赢得人们的赞誉，这是父母最自豪、最欣慰的事，是养父母之志。《弟子规》中说："身有伤，贻亲忧；德有伤，贻亲羞。"我们要为父母增光，而不去做让父母蒙羞的事。

4）养父母之慧

人生有三戒，第一，少者戒之色；第二，壮者戒之斗；第三，老者戒之得。有些老人常常会跟别人攀比，常常患得患失，认为自己所拥有的不如别人。所以想不开就经常生闷气，常常处在不满足、不快乐的心境中。作为晚辈，不应该态度生硬地批评、指责他们，而要有耐

心,婉言悦语地开导:钱够花就可以了,家财万贯每天能吃多少,还不是一日三餐;房子再大还不是睡一张六尺床;人生要知足常乐,关键是要过清净自在的晚年生活,养老就是养心。心要净,心要宽,心要真诚,心要平等,心要包容,心要慈悲,整天没忧愁和烦恼,这才是幸福的晚年。

sāng jìn lǐ　jì jìn chéng　shì sǐ zhě　rú shì shēng

丧尽礼　祭尽诚　事死者　如事生

【注释】

1. 丧:丧事。
2. 尽:完全按照,用尽全部。
3. 礼:礼数。
4. 祭:祭祀,祭奠。
5. 诚:诚意,真诚。
6. 事:侍奉,对待。

【解读】

办丧事的时候,我们一定要尽到礼节,不可以随便,但也不能铺张浪费。要庄严肃穆,才是真孝顺(《论语·为政》:生事之以礼;死葬之以礼,祭之以礼)。祭拜时应诚心诚意,对待已经去世的父母,要如同生前一样恭敬(《论语》:祭如在,祭神如神在)。

【知识拓展】

关于祭祖

古人讲“慎终追远,民德归厚矣”(出自《论语·学而》)。其大意可解释为,人能感恩祖先,感恩过世的父母,就不敢胡作非为。有父母在,有祖先在,我们不敢贻羞祖先,不敢丢祖先的脸。

【课后实践】

一封家书

父母养育我们真的很不容易。十月怀胎,母亲可能连一个安稳觉都睡不了;一朝分娩,有可能生死两重天。在父母耐心的教导、呵护下,我们一点点长大,学会了走路、说话,懂得了道理,接受了教育,而父母却一天天地老去。回想他们付出的辛劳,我们可能从来没为他们洗过一次脚,表达过一句感恩,说过一句“我爱你”。在信息发达的时代,我们能否用最原始的方式——写一封家书,表达我们对父母的感恩和无限的爱?

出则弟

什么是“悌”

这里的“弟”通“悌”。从“悌”的构成不难看出，“心”中有兄“弟”，叫“悌”。《左传·昭公二十六年》中说：“兄爱而友，弟敬而顺。”“悌道”实际上就是“孝道”的延续，因此古人往往将“孝”“悌”并称，所以《论语》中这样说：“孝弟也者，其为仁之本与！”悌的精髓在于兄友弟恭，人与人之间的互敬互爱。所以孟子说：“尧舜之道，孝弟而已矣。”

xiōng dào yǒu　dì dào gōng　xiōng dì mù　xiào zài zhōng

兄道友　弟道恭　兄弟睦　孝在中

【注释】

1. **兄**：兄长，指平辈中年长的人，如哥哥、姐姐。
2. **道**：应该遵循的道德原则。
3. **友**：友爱，亲近。
4. **弟**：弟弟，指平辈中年幼的人。
5. **睦**：和睦（相处）。
6. **中**：其中。

【解读】

做哥哥姐姐的要友爱弟弟、妹妹，做弟弟、妹妹的要恭敬自己的兄姐。兄弟姊妹，彼此要互相尊重，和睦相处，一家人其乐融融，这是父母最想看到的，孝道也就在其中。

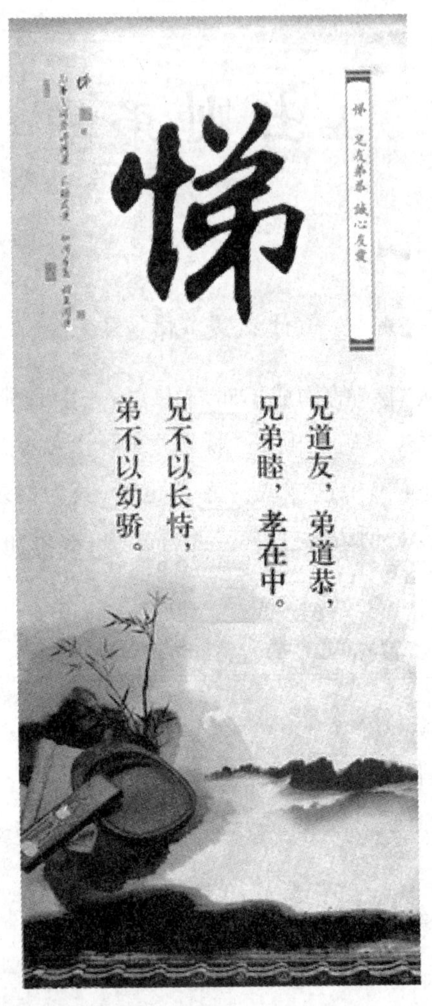

【知识拓展】

皮鞋兄弟

有一对皮鞋兄弟，他们每天快乐地生活在一起。皮鞋哥哥很爱护弟弟，所以在主人外出时总是走在前面，尽量让弟弟走得舒服些。但是时间久了，弟弟却嫉妒哥哥占尽光彩。有一次，弟弟将哥哥推入水沟，回家时因为没有哥哥的照顾，弄得灰头土脸。主人发现只剩一只皮鞋，便把弟弟丢入垃圾桶。刚好有一个捡垃圾的孩子发现皮鞋弟弟，将它捡起来，然后和从水沟捡来的皮鞋一比，正好是一双，于是皮鞋哥哥与皮鞋弟弟又幸福地生活在一起了。

思考

(1)皮鞋弟弟为什么生哥哥的气呢?

(2)皮鞋哥哥又是如何对待弟弟的呢?

(3)请同学们想象一下,皮鞋弟弟把哥哥推到水沟后,哥哥心里会想些什么?

(4)失去了哥哥的保护,弟弟变得怎样?

(5)最后皮鞋兄弟的结果,你喜欢吗?

(6)你是如何对待兄弟姊妹和周围同学们的?

【课后实践】

(1)体验单脚站立一分钟的感受。

(2)尝试左手闲置,右手搬椅。感受有另外一只手帮忙时是否更轻松自如。

通过这两个实践,你是不是明白了什么叫“情同手足”呢?在集体中生活,不要只强调自己,要懂得与人合作,这样我们在遇到问题时,才能达到事半功倍的效果。

cái wù qīng　yuàn hé shēng　yán yǔ rěn　fèn zì mǐn

财物轻　怨何生　言语忍　忿自泯

【注释】

1. **轻**:看轻,轻视。
2. **怨**:怨恨,恩怨。
3. **忍**:忍让,忍耐。
4. **忿**:怨恨,气愤。
5. **泯**:消除,化解。

【解读】

与人接触时,对于财物我们不应斤斤计较,这样就不会有怨恨或矛盾产生。言语交流时能够包容忍让,多说好话,不说坏话,忍住气话,不必要的冲突自然就消失了。

【成语名言】

寄劝俗兄弟二首

唐·法照

(其一)

同气连枝各自荣,些些言语莫伤情;
一回相见一回老,能得几时为弟兄?

(其二)

兄弟同居忍便安,莫因毫末起争端;
眼前生子又兄弟,留与儿孙作样看。

【知识拓展】

天下第一家

明朝有一位非常著名的人叫郑濂,他家七代同住,大门上挂着一块匾,叫“天下第一家”。这五个字怎么来的呢?原来郑濂是一个当官的,明太祖朱元璋听说有这么一个家庭七代同堂,一千多口人却从来不吵架,而且大家开心得不得了,朱元璋有点想不通,于是就把郑濂召来问:“你家里究竟有多少人?”郑濂说:“启禀皇上,一千多口。”皇帝就问:“一千多口?你有什么治家的法则可以保证大家和睦相处呢?”郑濂回答:“也没有什么,就是不听闲话,不传闲话,言语不和就忍一忍。”皇上一听:“很好很好,来,领赏。”朱元璋要赏东西给郑濂。赏什么呢?这朱元璋够小气的,就给两个梨。郑濂家里一千多口人,就两个梨,谁也不敢说皇帝赏得少,只好千恩万谢揣着两个梨回去了。两个梨虽然少,但却是皇帝的赏赐,理应让全家每个人都享受到。但是,郑濂怎样才能把这两个梨分给全家一千多口人呢?郑濂回到家里,举着两个梨说:今儿皇帝赏了我两个梨,大家看清楚了。说完郑濂叫人搬了一口大水缸,打来一缸水,把梨捣碎了泡在缸里,一千多口人每人喝一碗梨汤。朱元璋派去的校尉看到了这一幕,回去禀告给朱元璋,朱元璋大为佩服,感叹这个家长绝对没有私心。朱元璋一高兴,就封这一家为“天下第一家”。

【课后实践】

思而后言

日常生活中，我们往往会遇到自己认为不公或令自己情绪激动的事情，在这种情况下，我们在说话前需要做到以下几点。

首先，深呼吸让自己的情绪尽快平静下来。其次，稍微思考一下，然后再发表意见。在自己也没有看清楚事情的真相时，不要轻易发言。如果非要发言，尽量不要采用攻击式的话语和态度。

huò yǐn shí　huò zuò zǒu　zhǎng zhě xiān　yòu zhě hòu

或饮食　或坐走　长者先　幼者后

【注释】

1. **或**：表示选择或列举。
2. **长者**：长辈，兄长。
3. **幼者**：年幼的人，晚辈。

【解读】

不论用餐就座或行走，都应该谦虚、礼让，长幼有序。一般都要长辈先行，晚辈在后（特殊情况除外）。

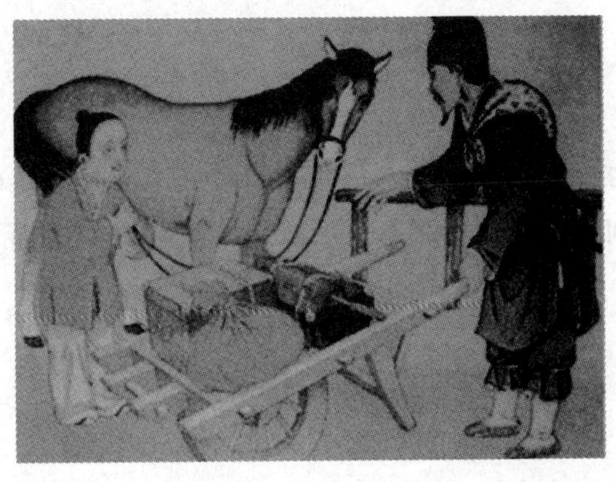

【知识拓展】

长先幼后需要分情况

在一般情况下，如吃饭、走路和落座等，需要让长辈先行。但有些特殊情况，要考虑实际需要，由做晚辈的先行。比如，在进入百货商场的自动转门时，晚辈需要走在前面，替长辈把转门挡住，然后再请老人家进入，以免使年岁大的人出现晕眩。在进入屋子时，作为小

辈,也需要快速上前,打开门或将门帘掀至一侧,然后再请长辈先行。除此之外,一些有危险性的动作或行为,也需要晚辈先于长辈去做,以表示晚辈对长辈特别是老年人的关心和呵护。

【课后实践】

长者先,幼者后

在进门或出门时,遇到师长要站立在门边,为其把门打开或将门帘掀开,让对方先行通过后,自己再过去。

回到家里,在全家聚餐时,先给爷爷、奶奶、爸爸、妈妈等长辈盛好饭,然后再盛自己的饭;等大家都到齐后,最年长的人(如爷爷)先动筷子,晚辈再动筷子开始吃饭。吃饭时,如果有特别好吃的食物,需先分给在座的长辈品尝,之后自己再吃,如果有比自己小的孩子,也不要忘记分给他们,以体现兄友弟恭的良好家风。

zhǎng hū rén　jí dài jiào　rén bù zài　jǐ jí dào

长呼人　即代叫　人不在　己即到

【注释】

1. **长**:长辈,兄长。
2. **呼**:呼唤,寻找。
3. **即**:立即。
4. **代**:代替。

【解读】

长辈有事呼唤或寻找某人时,作为晚辈的我们听见了应代为传唤。如果被叫的那个人不在,自己则应该主动询问长辈有什么事。可以帮忙就帮忙,不能帮忙则代为转告。

【课后实践】

老师或其他长辈需要我们代为寻找某人或将事物传达给某人时。在找到该人后,需要注意转达长辈意思时的说话态度,言语表达需清楚、明白;不要含糊不清,或态度生硬。如果没有找到被找人,不可以一走了之,需要回到师长处,向其说明情况,问问还有什么其他事情需要帮忙。

chēng zūn zhǎng wù hū míng duì zūn zhǎng wù xiàn néng

称尊长 勿呼名 对尊长 勿见能

【注释】

1. **称**:称呼。
2. **勿**:不要。
3. **呼**:叫,称呼。
4. **名**:姓名。

5. **见**:读音 xiàn,通“现”,这里指卖弄、炫耀。

【解读】

称呼长辈时,不可以直呼长辈的名字,那是不礼貌的行为;在长辈面前,不要表现得自己很有才能,而藐视长辈。

【知识拓展】

称呼长辈的技巧

(1)姓+辈分,如李爷爷、李阿姨、李叔叔等。

(2)姓+职务,如李校长、李局长、李院长等。

(3)姓+职业,如李老师、李编辑、李医生等。

(4)对于年纪已经很大或者有一定地位或影响的人,可以称为某老,如李老。

曾子避席

有一次,曾子在孔子身边侍坐,孔子就问他:“以前的圣贤之王有至高无上的德行,精要奥妙的理论,用来教导天下之人,人们就能和睦相处,君王和臣下之间也没有不满,你知道它们是什么吗?”曾子听后,明白老师是要指点他深刻的道理。于是立刻从坐着的席子上站起来,走到席子外面,恭恭敬敬地回答道:“我不够聪明,哪里能知道,还请老师把这些道理教给我。”在这里,当曾子听到老师要向他传授道理时,站起身来走到席子外向老师请教。“避席”是一种非常礼貌的行为,是为了表示对老师的尊重。曾子懂礼貌的行为使得很多人都向他学习。

【课后实践】

对长辈，勿见能

对长辈的尊重包括两个方面，一是对长辈的知识、阅历的尊重；二是对长辈由于自然规律导致的体力下降、体能下降、健康状况的改变，存有感恩之心。

当我们发现自己的爷爷奶奶或其他老人，因年老而拿不动东西或做不好事情时，我们需要怎么说才能不伤害老人的自尊心，又能让他们体会到关怀和温暖呢？给大家一个小小的范例，不妨试试看看。

“奶奶，这个让我来做（拿）吧，您老都为我们做（付出）一辈子了，也该享享福了。您把我们养育得多好，我们现在已经是顶天立地的大人了。您现在可是拥有子孙大军的元帅，像这些小事您指挥我们来做就可以了。”

lù yù zhǎng　jí qū yī　zhǎng wú yán　tuì gōng lì

路遇长　疾趋揖　长无言　退恭立

【注释】

1. **遇**：遇见。
2. **疾趋**：快步向前。
3. **揖**：作揖，行礼。
4. **无言**：没有吩咐。
5. **退**：后退（至一侧）。
6. **恭**：恭敬。

【解读】

路上遇见长辈，应主动上前问好，长辈没有事时，我们就退后一点，恭敬地让长者先过去。

【知识拓展】

哪些情况下不便于打招呼

(1)在对方过马路时。因为需要注意过往车辆,不便分神。如果需要打招呼,快速点头示意或招手示意即可。

(2)在乘坐公共汽车时,如果两人相隔较远,不宜打招呼。如若大声打招呼,一方面会影响车上的乘客,另一方面对方也未必听得见。

(3)在开车时,遇见熟人和长辈在散步,因需要遵守交通规则,不宜和对方打招呼。如果路况允许可将车子靠边停下,问问老人家:有什么能为您效劳的?您是不是需要搭车?我能不能载您一程?

(4)对方正在打电话或正在与别人交谈时,不宜打扰。对方看到你时,可以点头或招手致意。

(5)对方在沉思,没有注意到你时,不便打扰。如有重要事情与其沟通,需要轻声唤起对方注意,以免惊吓到对方。

【课后实践】

在校园内或路上遇见老师、学长或其他长辈,要主动上前行礼问好。声音不可过高或过低,以对方听清为宜。

qí xià mǎ　　chéng xià jū　　guò yóu dài　　bǎi bù yú

骑下马　乘下车　过犹待　百步余

【注释】

1. 骑:骑马。

2. 乘:乘车。

3. 车:读 jū,为古音。今音为 chē。

4. 过:过去。

5. 犹:还,仍然。

6. 待:等待。

【解读】

原文指不论骑马或乘车,路上遇见长辈均应下马或下车问候,并等到长者离去稍远,约百步之后,才可以离开。现在可理解为,不论骑车或乘车,路上遇见长辈,若方便停车,应下车问候,并询问是否需要搭便车。若长辈要离去,则要目视长辈走远才可以离开。这是敬老尊贤的表现。

【成语名言】

一个人的礼貌就是一面照出他的肖像的镜子。——歌德

尊敬别人就是尊敬自己。——高尔斯华绥

礼之于人,犹酒之有糵也。——孔子

君子忍人所不能忍,容人所不能容,处人所不能处。——马南

zhǎng zhě lì　　yòu wù zuò　　zhǎng zhě zuò　　mìng nǎi zuò

长者立　幼勿坐　长者坐　命乃坐

【注释】

1. 立:站立。

2. **命**:命令,吩咐。

3. **乃**:才。

【解读】

与长辈同处,长辈站立时,晚辈应该陪着站立在一旁,不可以自行就座,长辈坐定以后,吩咐坐下才可以坐。

【知识拓展】

程门立雪

宋朝有两个年轻的学子,一个叫游酢,一个叫杨时,他们想要拜理学大师程颐为师。当他们来到程颐的住处时,程老夫子正在闭目养神,养着养着居然睡着了。这两个人一直在那儿毕恭毕敬地站着。程老夫子睡醒时,发现窗外的雪已经积了一尺厚。两位年轻人为了表示对老师的异常强烈的守礼精神,一直在雪地里站着,几乎变成了雪人,却没有一丝不耐烦的神色。程颐看到后非常感动,将毕生所学全部教给了他们。

【课后思考】

如果长辈让我们坐下,而自己并没有坐,而且在屋子里走来走去,我们应该怎么办?建议:我们要随着长辈的走向调整坐姿,随着长辈的移动,改变眼神方向。等长辈与我们说话时,最好站起来或者面向对方进行对答。

zūn zhǎng qián　shēng yào dī　dī bù wén　què fēi yí

尊长前　声要低　低不闻　却非宜

【注释】

1. **声**:(说话的)声音。

2. **闻**:听到。

3. **非宜**:不合适。

【解读】

与尊长交谈,声音要柔和适中,不可以大声叫嚷。但音量太小让人听不清楚,也是不可以的。

【知识拓展】

不卑不亢

卑:低、自卑。亢:高傲。

不卑不亢指待人有恰当的分寸,既不低声下气,也不傲慢自大。特别是指在对待比自己地位高或地位低的人时,说话举止都要有礼有节。自尊者,尊人,人恒尊之。

jìn bì qū　tuì bì chí　wèn qǐ duì　shì wù yí

进必趋　退必迟　问起对　视勿移

【注释】

1. **进**:上前,前进。
2. **趋**:快步(向前)。
3. **退**:离开,退后。
4. **迟**:迟缓。
5. **起**:起立。
6. **对**:回答。
7. **视**:视线,目光。
8. **移**:移动,换位置。

【解读】

有事要到尊长面前,应快步向前;离开的时候,必须稍慢一些,给长辈留下稳重而有耐心的印象。当长辈问话时,应当专注聆听,站起来回答问题。同时不可以东张西望,左顾右盼。

【知识拓展】

"视勿移"的要求

当我们面对长辈的教导或者回答长辈的问话时,必须恭敬地看着对方,不能眼神飘忽,左顾右盼;也不可闭着眼睛,显出不耐烦的样子;更不可对长辈瞪着眼睛,作出怒目而视的样子。正确的做法是:视线要略低于长辈的视线,不能比长辈视线高,目光要柔和、真诚。不要轻易移动自己的视线,以表示对长辈所说的话很感兴趣,使长辈有受尊重感。

shì zhū fù　rú shì fù　shì zhū xiōng　rú shì xiōng

事诸父　如事父　事诸兄　如事兄

【注释】

1. **事**:服侍,对待。
2. **诸父**:伯父、叔叔等和父亲同辈的长辈。
3. **如**:依照,像。
4. **诸兄**:同族的兄长,包括堂兄、表兄,这里可以理解为同辈的兄弟姊妹或朋友。

【解读】

对待叔叔、伯伯等父辈的人,要敬爱他们,如同对待自己的父亲一般孝顺、恭敬;对待同

族的兄长，如堂兄姐、表兄姐等，要如同对待自己的亲兄姐一样友爱、尊敬。

【知识拓展】

推己及人

春秋时，有一年冬天，齐国连着下了三天三夜的大雪。齐景公披件狐腋皮袍，坐在厅堂欣赏着雪景。因为觉得景致新奇，心中希望雪能再多下几天，使外面的景色更漂亮。

这时，晏子走近齐景公，望着翩翩降下的白雪若有所思。齐景公说："真奇怪，下了三天雪，一点都不冷。"

晏子看了看穿着狐腋皮袍，坐在火炉旁的齐景公追问道："真的不冷吗？"景公点点头。

晏子知道齐景公没了解他的意思，就说："我听闻古之贤君，自己吃饱了却知道还有人饿着，自己穿暖了却知道还有人冻着，自己安逸了却知道还有人累着。可是，您怎么都不去想想别人啊！"

慈悲为怀的人，总是会设身处地去体会别人的切身感受，总是会"推己及人"地为别人着想。

【课后实践】

事诸兄，如事兄

现代社会都是小家庭，基本上是三口之家。除了双胞胎之外，大部分学生是独生子女，在家中唯我独尊，很少能够体会到兄弟姊妹间的友爱与亲情。"四海之内皆兄弟"，只要把身边的人当成自己的亲人去对待，我们就会享有亲如兄弟姐妹的情感和快乐。

在同学中，寻找一位或多位知心朋友，像亲兄弟姊妹一样去关心他们，帮助他们。坚持一个学期后，谈谈你的收获。

谨

zhāo qǐ zǎo　yè mián chí　lǎo yì zhì　xī cǐ shí
朝起早　夜眠迟　老易至　惜此时

【注释】

1. **朝**:早晨,清晨。
2. **眠**:睡觉,入睡。
3. **老**:老年。
4. **易**:容易。
5. **至**:到来。
6. **此时**:现在的时光。

【解读】

为人子女应早上比长辈起得早,晚上比长辈睡得晚,但不可经常熬夜,这样不利于身体健康,也影响白天正常的作息。时光宝贵,转瞬即逝,我们很快就会变老,应当好好珍惜和努力。

【成语名言】

三更灯火五更鸡,正是男儿读书时。黑发不知勤学早,白发方悔读书迟。——《劝学》

少年易老学难成,一寸光阴不可轻。——《偶成》

少壮不努力,老大徒伤悲。——《乐府诗集·长歌行》

时间,每天得到的都是二十四小时,可是一天的时间给勤勉的人带来智慧和力量,给懒散的人只留下一片悔恨。——鲁迅

把活着的每一天看作生命的最后一天。——海伦·凯勒

盛年不重来,一日难再晨。及时当勉励,岁月不待人。——《杂诗》

光阴有脚当珍惜,书田无税应勤耕。——佚名

天地无穷期,光阴则有穷期。去一日,便少一日。富贵有定数,学问则无定数。求一分,便得一分。——《围炉夜话》

【知识拓展】

浪费光阴的孩子

从前,有一个孩子不爱读书,每天都游手好闲,他的父亲很是担心。终于,有一天父亲想出了一个办法。他找了一根很长的木棍,跟这个孩子说:“人的一生呀,就好像这么长的木棍,80 厘米代表 80 岁。你在 20 岁以前,还没有能力贡献家庭和社会,只能接受他人的服务和奉献,这一段你帮不上什么忙,所以要砍掉。”说完就用锯子锯掉了前面的 20 厘米。

父亲又说:“人 60 岁之后身体越来越差,虽然想对家庭和社会有所贡献,但有时难免力不从心,所以这一段也要去掉。”就又砍掉 20 厘米。

孩子一看,剩下的一段已经不多,然而父亲又把它分成三份,说道:“你睡觉用了三分之一,所以要砍掉。你每天要吃饭、洗澡,做一大堆杂事,看电视、打游戏,不爱惜时间,所以这一段也要砍掉。”说完又砍了三分之一。接着又说:“人生还有很多时间生病躺在病床上,所以也要砍掉。”孩子,你看看还剩下多少了?我们继续算算……”孩子一看受不了了,就拉着父亲的手说:“爸爸,我错了,以后再也不浪费时间了。”

每个人拥有的时间都是一样的,但能够用来工作的时间却不一样。所以时间的多少取决于:第一,你会不会利用时间;第二,你会不会挤出时间。珍惜光阴,就会使我们的生命延长,提高人生的效率。日本著名企业家盛田昭夫曾说过:如果你每天落后别人半步,那么一年就是 183 步,十年后就是十万八千里。

你珍惜时间吗？

【课后实践】

科学计划，合理利用时间

每天给自己制定一个行程表，看看有哪些事情是按计划完成的，哪些是没有完成，需要进一步解决的。

提示：

(1)重要的事情要先做；

(2)安排事情的时候，要想一想每件事情要花多少时间；

(3)想一想，这样安排会有什么结果。

行事历

※星期(　　)		※放学时间：
开始时间	需要用掉多少时间	想要做的事情
睡觉时间：		

□很棒，每件事都做完了。 □还好，好像有点匆忙。 □糟糕，应该做的事都没做。

chén bì guàn　jiān shù kǒu　biàn niào huí　zhé jìng shǒu

晨必盥　兼漱口　便溺回　辄净手

【注释】

1. 盥:洗手,以手接水冲洗。

2. 兼:还要。

3. 便溺:大小便。溺,读音 niào,通“尿”,指小便。

4. 回:后,回来。

5. 辄:马上,立即。

6. 净手:洗手。

【解读】

早上起来,第一件事是把自己打理得干净、整齐。洗脸、刷牙、漱口,使精神清爽,有一个好的开始。大小便后,一定要马上洗手,养成良好的卫生习惯,才能确保健康。

【知识拓展】

关于洗手的常识

病从口入,勤洗手是预防肠胃道疾病和各种传染病的良好方式。为了避免细菌残留在手上,掌握正确的洗手方法很重要。用流动水沾湿双手,用香皂(洗手液)涂抹双手表面,手心、手背、指缝间都要用力仔细搓洗,然后用清水将皂液等冲净,用干净的毛巾把手擦干。当不方便水洗,手也不是很脏的时候,可以用免洗手部消毒剂替代。只要将消毒剂挤在手上然后揉搓,保证所有地方都已覆盖即可。

除此之外,我们还要掌握洗手的时机,如下情况需要洗手:准备食物时和吃饭前、触摸生肉后、照顾病人前后、护理伤口前后、上厕所之后、给孩子换尿布前后、接触动物或动物粪便之后和处理垃圾之后等。

guān bì zhèng　niǔ bì jié　wà yǔ lǚ　jù jǐn qiè

冠必正　纽必结　袜与履　俱紧切

【注释】

1. **冠**:帽子。

2. **正**:端正。

3. **纽**:纽扣。

4. **结**:扣好。

5. **履**:鞋子。

6. **紧切**:牢牢系好。

【解读】

一个人的衣冠必须要整齐,帽子要戴端正,衣服扣子要扣好,袜子穿平整,鞋带应系紧,一切穿着以稳重、端庄、符合身份为宜。

【知识拓展】

关于穿着

(1)对于穿着整齐的人,人们总是较有依赖感。

(2)平常不修边幅的人,会使人产生不尊重别人的感觉。

(3)衣冠不整、蓬头垢面让人联想到失败者。

(4)服饰仪表,一般应趋向保守和不逾越身份,尽量符合公共场合。

(5)对人生负责的人,为了自己的职业,不会胡乱穿衣。

(6)过分注重装饰、打扮自己的人,往往缺少自信心。

乔奇拉德的销售故事

乔奇拉德是世界上最伟大的销售员,连续12年荣登吉尼斯世界纪录大全世界销售第一的宝座。有一次他在家睡觉,突然惊醒,跑到镜子前开始穿西装打领带,然后恭敬地打电话给客户。打完电话后,又将西装脱下钻到被窝里睡觉。他的太太很疑惑,乔奇拉德告诉她说:客户在电话那头看不到我的样子,但是如果穿着随便,我在言谈中也会很随便,这样对客户是不礼貌的。

思考 一个人的衣着会不会影响他的心理状态?在别人看不到的地方,我们是不是也应该保持恭敬的心,养成这样的习惯,达到言行一致?

【课后实践】

学会照镜子

以铜为镜,可以正衣冠。说明照镜子可以帮助我们注意自己的穿着是否得体。所以每天临出门前照照镜子,观察一下自己的脸上是否有异物或者不干净的地方,看看自己衣服的扣子有没有扣好,头发是否梳理整齐了……在确定自己的穿着得体、合宜之后,给自己一个自信的微笑,然后再出门开始一天的学习和工作。

zhì guān fú　　yǒu dìng wèi　　wù luàn dùn　　zhì wū huì

置冠服　有定位　勿乱顿　致污秽

【注释】

1. 置:放置,安放。

2. **冠服**:衣服和帽子,这里统称为衣物。

3. **定位**:固定的位置。

4. **顿**:抖动使整齐,整理。

5. **污秽**:脏。

【解读】

放置衣物的时候,一定要有固定的地方,不可以随便乱放,使衣物被弄脏、变得褶皱或再穿时不易找到。

【知识拓展】

良好的习惯受益终生

大处着眼,小处着手,养成良好的生活习惯,是成功的一半。美国心理学巨匠威廉·詹姆士有一句对习惯的经典阐释:种下一个行动,收获一种行为;种下一种行为,收获一种习惯;种下一种习惯,收获一种性格;种下一种性格,收获一种命运。

经科学家研究,一个好习惯的养成需 21 天,90 天的重复会形成稳定的习惯。养成一个习惯并不难,难就难在将良好的习惯坚持一辈子。珍爱生命,提高生活质量和学习效率,需要从良好的习惯开始。

齐桓公失帽

现代人找不到帽子是一件小事,而在古代找不到需要穿戴的衣帽,则是一件大事。齐桓公有一次喝醉酒了,酒醒以后突然发现帽子没了。齐桓公觉得很难为情,谁都不见,三天不上朝,躲起来了。这个时候,齐国各地正在闹饥荒,丞相管仲找不到齐桓公,只好下令开仓放粮,自作主张把粮食发下去了,老百姓很感谢管仲,认为遇到了一个贤相。后来人们知道了真相,开始流传一首歌谣:国君啊国君啊,你的帽子何时再丢啊?你丢一次就放一次粮。

在正常的情况下,我们都应保持衣装的整洁,除非是特殊情况,否则不要去弄污你的衣服。在古人眼里,服装整洁可以体现出一个人的修养和品德。

yī guì jié　bú guì huá　shàng xún fèn　xià chèn jiā

衣贵洁　不贵华　上循分　下称家

【注释】

1. **洁**:整洁。
2. **华**:华丽,华贵
3. **循**:遵循,符合。
4. **分**:身份,等级。
5. **称**:相称,合适。

【解读】

穿衣服需注重整洁,不必讲究昂贵、名牌和华丽。不要为了面子,更不要让虚荣心作祟,无谓的开销就是浪费。在穿着上,既要符合自己的身份,也要符合自己的家境和经济条件,同时还要考虑出席场合的需要。我们在出门之前一定要看看,这样的穿着打扮是不是合宜。

【知识拓展】

古代服饰与身份

在古代,人们对服饰是有严格要求的。不同的服饰可以指代不同的身份。

(1)布衣:麻布衣服。是古代平民百姓所穿的衣服,所以通常指平民。

(2)白袍:指未得功名的士人。

(3)乌纱帽:又称乌纱,借指官职或官员。

(4)巾帼:妇女戴的头巾和发饰,特指妇女。

(5)青衣:指穿青衣或黑衣的人,可指侍女、婢女、乐工和役吏等。

(6)黄裳:表示尊贵,也是太子的别称。隋唐以后,黄色的衣服并不是什么人都能穿的,一般只有皇亲国戚才可以穿黄色的衣服或用黄色的布料。

【课后实践】

大家来找茬

与同学一起找一找,身边的哪些人穿着不得体或不适合自己的身份,为什么?你的穿着打扮是不是符合学生的身份,为什么?思考同学或老师给出的意见,把不适合自己的衣着习惯改掉。

duì yǐn shí　wù jiǎn zé　shí shì kě　wù guò zé

对饮食　勿拣择　食适可　勿过则

【注释】

1. **拣择**：挑挑拣拣，挑剔。

2. **适可**：不多也不少。

3. **过**：超过。

4. **则**：准则，量度。

【解读】

对于饮食要讲究营养的均衡，多吃蔬菜和水果，适量吃肉，不要挑食，也不可以偏食，三餐要节制，一般八分饱即可，不要吃得过多，危害健康。

【知识拓展】

"光盘"行动

2013 年 1 月，中共中央总书记、中央军委主席习近平在新华社一份《网民呼吁遏制餐饮环节"舌尖上的浪费"》的材料上作出批示，要求厉行节约，反对浪费。

越来越多的民众开始反思"舌尖上的浪费"，关注"剩宴"问题。为了更为有效地反对浪费，不少网民在网络上发起以吃光盘子里的东西为主题的"光盘"行动。

"有一种节约叫'光盘'，有一种公益叫'光盘'！所谓'光盘'，就是吃光你盘子里的食物。拒绝浪费，珍惜粮食！从我做起，从今天开始，你，愿意吗？"北京市一家民间公益组织推行的公益活动得到越来越多的网友认可，许多演艺界知名人士、官方认证的餐饮机构也加入到"光盘"行动中。

许多餐饮机构发出倡议："餐厅应建议大家适量点菜，如果吃不完最好打包，希望所有的餐饮业同行都能行动起来，尽一份力。"一些星级酒店管理人员也表示："理性吃饭并不等

于吃不饱吃不好,酒店厨师也并不希望看到餐桌上剩下一动未动的菜。"

北京大学社会学系副教授于长江认为,奢侈浪费饭局成为中国人讲面子、比排场和体现热情的方式。中国已经过了劝人吃饭的年代,健康的吃饭理念、理性的生活方式会慢慢成为主流,而杜绝中国式"剩宴",仍需每个人的反思和努力。

许多网友纷纷将吃得净光的盘子的照片上传到网上,表示"支持光盘行动,提升正能量"。

吃相决定人生——郑浣的择人观

唐代有一个文学家叫郑浣,进士出身,当过大官。他的生活很简朴,特别是对饮食绝对不挑挑拣拣。

有一次,他的一个农村来的远房孙子从老家来找他,郑浣的很多家人和仆人都嘲笑这个亲戚没见识,衣服破旧,不懂礼节。只有郑浣很同情他,于是就问:"你来找我有什么事?我有什么可以帮你的?"这个孙子就跟他讲,自己当个农民不能有什么出息,想当个县尉,可以光宗耀祖。郑浣认为这个孩子还是有上进心的,决定帮他一把,就给一个地方县令写了一封信,看看能不能给他安排工作。

临行前的晚上,郑浣请他吃饭,席间吃的是蒸饼。这时郑浣突然发现这个孙子把饼的皮撕了掏里面的瓤吃。这一下,郑浣气坏了,叹息地说:这个饼的皮和里面有什么区别?你居然有这样的毛病,奢侈浪费。你在家乡务农应该懂得种庄稼的辛苦,可你一点淳朴的习惯都没有,居然像纨绔子弟一样浮华。郑浣一边说一边把他剩下来的皮全吃了。第二天,郑浣就把信收回,并打发人把这个远房孙子送回了家,认为他不堪重任。

郑浣通过吃相,可以判断人的内在品格。而他的那位远房亲戚就因为吃饭的习惯,把自己可能的美好前程葬送了。

【课后实践】

从我做起，今天不剩饭

《朱子家训》中有言："一粥一饭，当思来之不易；半丝半缕，恒念物力维艰。"意思是说，我们的吃穿用度包含很多的物质能源消耗和许多人的辛劳付出，应该好好珍惜。作为纯消费者的学生，虽然不能为社会创造更多的价值，但我们能养成勤俭节约的好习惯。

从小处入手，每天把餐盘中的饭吃干净，争取做到不浪费。外出就餐，将剩饭、剩菜打包带走，绝不为了面子而浪费。

nián fāng shào　wù yǐn jiǔ　yǐn jiǔ zuì　zuì wéi chǒu

年方少　勿饮酒　饮酒醉　最为丑

【注释】

1. **年**：年龄。
2. **方**：还。
3. **丑**：出丑，难看。

【解读】

饮酒有害健康，未成年人不可以饮酒。成年人饮酒也不要过量，酒醉之人的丑态是不堪入目的，而且常会惹出许多是非。

【知识拓展】

饮酒的危害

世界卫生组织2011年2月11日在瑞士日内瓦发布的《全球酒精政策状况报告》表明,全球每年死亡人数中,近4%是由酗酒造成的,每年约有250万人的死因与酗酒有关,酗酒正成为比艾滋病、暴力和肺结核更可怕的健康杀手。

每年因酒后驾驶而导致的车祸死亡人数有5 000~6 000。

(1)喝酒伤肝,易患酒精肝、肝炎和肝硬化,肝脏受损后,视力必然下降,身体解毒能力也下降,造成免疫力低下,容易患上其他疾病。

(2)喝酒伤胃,消化不好,体质就差,也容易患上其他疾病。

(3)喝酒伤害心脏、脾脏和胰腺,容易引起高血压、心血管病和胰腺炎等。

(4)喝酒伤肾,易引发前列腺炎。

(5)喝酒伤神经,酗酒的人会对酒精产生依赖性,脾气变得暴躁、不安。

(6)喝酒损害容貌,经常喝酒的人形容枯槁、憔悴,皮肤也容易衰老。喝酒、吸烟,毒上加毒,肺部也会受损。

猩猩醉酒

森林里住着一群猩猩，它们喜欢喝酒，还喜欢穿着草鞋学人走路。猎人就选了一块儿空地，放上几坛甜酒，摆上大大小小的酒杯，还编了许多草鞋，用草绳连起来放在旁边。猩猩一看这个阵势，就知道是猎人设下的圈套。它们坐在树上，高声叫骂："你们这些该杀的！放几坛甜酒、几双草鞋就想让老子上当？甜酒、草鞋是什么好玩意儿！我们就那么嘴馋，瞎了眼的？"骂着骂着，觉得嘴巴有点发干，鼻子还闻到阵阵酒香。有只猩猩忍不住了："喂，弟兄们，这些傻瓜既然为咱们准备了这么多甜酒，为什么不去尝它一小杯呢？不喝白不喝，咱们少喝一点儿，不喝醉，不上当就是了。"他的提议正合大家的心意，猩猩们纷纷溜下树来。它们先拿小杯喝，一边喝，一边还在骂设下圈套的猎人。喝着喝着，觉得小杯太费事，就换了大一点儿的酒杯。它们越喝越觉得酒味喷香，满嘴流蜜。最后，干脆抓起大缸子往嘴里灌。一会儿，猩猩们就喝得酩酊大醉，双眼乜斜，满脸绯红，脚步踉跄，一个个发起酒疯来了。它们追逐嬉闹，撕咬打架，又把草鞋套在脚上。这个时候，猎人来了，可猩猩们都跑不了，被一个一个捉去了。

bù cóng róng　lì duān zhèng　yī shēn yuán　bài gōng jìng

步从容　立端正　揖深圆　拜恭敬

【注释】

1. **步**：走路。

2. **端正**：抬头挺胸，身正形直。

3. **揖**：弯腰行礼。

4. **深圆**:弯腰鞠躬的姿势到位。

5. **拜**:跪拜。

【解读】

我们走路时要从容不迫,不慌不忙,不急不缓;站立时要端正,保持抬头挺胸,精神饱满的站相,不可以弯腰驼背。问候他人时,不论鞠躬或拱手都要真诚、恭敬,不能敷衍了事。

【知识拓展】

良好的行为举止

良好的坐姿:上半身保持挺直,头、颈部不要往前倾,椅子的高度要让膝盖呈90度弯曲。男生双脚、双膝可以稍微分开,双手分别置于两腿上;女生要双脚、双膝并拢,将两手重叠轻放于右边大腿上。

良好的站姿:男生要双脚平行站立,上半身要"抬头、挺胸、收腹",双脚分开与肩同宽;女生要双脚平行站立,上半身要"抬头、挺胸、收腹",双脚合并,左右手虎口打开,将右手置于左手之上,双手交合,置于腹部上方。

恭敬的鞠躬:呈正确站立姿势后,双手五指并拢,平贴于大腿两侧,鞠躬时身体向前弯,保持身体平衡,不可前后左右晃动。

良好的走路姿势:先有正确的站姿,然后前脚跨出第一步,注意脚掌必须适当离地,不可拖曳。注意脚尖应笔直向前。后脚接着跨出,注意每个步伐的距离要保持一致。男女在脚步上稍有不同。男生的左右脚走在两条紧邻的平行线上,注意不要同手同脚;女生的左右脚行走时尽量呈一直线,双眼平视前方,不要低头,注意不要同手同脚。

【课后实践】

以人为鉴

请老师和同学帮忙指出自己在站、坐、走等行为上不好的现象，然后进行改正。经过一至两周的行为更正，请老师或同学进行点评，以进一步完善。

wù jiàn yù　　wù bǒ yǐ　　wù jī jù　　wù yáo bì

勿践阈　勿跛倚　勿箕踞　勿摇髀

【注释】

1. **践阈**：踩门槛。
2. **跛倚**：身体歪斜，站立不正。
3. **箕踞**：张开双腿而坐，形如畚箕。
4. **摇髀**：摇晃大腿。

【解读】

进门时脚不要踩在门槛上。身体不能经常歪斜，或者靠在墙壁、物体上。坐在椅子上，不可以把两只脚翘起来，或伸出两腿。大腿一直抖动也是不礼貌的，这些都会显得人轻浮、傲慢。

【知识拓展】

谦敬得福

明朝有一位读书人,擅长写文章,在当地非常有名。有一次参加乡试,却榜上无名,他很不服气,大骂主考官不能慧眼识英雄,这时旁边的道士偷笑说:"你的文章一定写得不好。"读书人气愤地说:"你怎么知道我写得不好?你又没看到我的文章!"道士说:"写文章最重要的是心平气和,你的脾气这么暴躁,怎么可能写出好文章?"读书人听后很惭愧,便向道士请教,从此以后遇事都会首先自我反省,对人谦逊有礼,不久这位读书人终于金榜题名。

思考　我们在考试成绩不理想时,心理反应都是怎样的?你觉得故事中读书人的态度对不对?如果是你,你会如何反应?

huǎn jiē lián　wù yǒu shēng　kuān zhuǎn wān　wù chù léng

缓揭帘　勿有声　宽转弯　勿触棱

【注释】

1. 缓:慢。
2. 揭:揭开。
3. 宽:这里指离开一定距离,角度大一些。
4. 触:碰触。
5. 棱:墙角。

【解读】

进入房间时,掀开门帘或开门的动作要轻一点,动作不要过急、过大,避免发出声响或吓到别人。在室内行走或转弯时,离墙体等拐角处远一点,不要撞到物品的棱角或墙角、楼梯角等,以免受伤。

【知识拓展】

进门小礼仪

当去某人家或某人的屋子时,先敲门并说:"请问有人在吗?"等待一会儿若无人回应可再敲一次,经回应后再进入。屋内人听到敲门声应及时应答:"请问您找哪一位?"然后让你进门,问好。

若在办公室或某些公共场所,可以稍微开门看一下,确定是否有人在里面,但不可大摇大摆地向内行走,或翻动他人物品。若是私人房间或比较隐秘的场所,当敲门无人响应时,不可开门进入,避免发生误会。敲门时要轻缓,以能听清楚为宜。除非有急事,否则不可大

力急敲。

学生进入教室或教师办公室内，要喊“报告”。

zhí xū qì rú zhí yíng rù xū shì rú yǒu rén

执虚器 如执盈 入虚室 如有人

【注释】

1. 执：拿。

2. 虚：空的。

3. 器：器皿，器具。

4. 盈：满的。

5. 入：进入。

6. 如：像。

【解读】

拿东西时要注意，即使是拿着空的器具，也要像里面装满东西一样，小心谨慎以防跌倒或打破。到没有人的房间里，虽然主人不在，也不可以随便，要像屋里有人一样严格约束自己的行为。

【课后实践】

执虚器，如执盈

练习拿杯子、锅、盆、碗、盘子和托盘等器具。

拿碗注意事项：双手虎口张开，从碗的两侧拿起，四指托住碗底，拇指扣住碗缘，不能将手指浸入碗内汤水之中。

拿杯子注意事项：拿有把（耳）的马克杯时，食指、中指伸入耳中，无名指、小指扣住杯耳下方，拇指握住杯耳上方，另一手握住杯身；拿无把的玻璃杯时一手握住杯身，另一手托住

杯底。

端盘子注意事项：双手虎口张开，双手从盘子两侧四指托住盘底，拇指扣住盘缘。

拿锅的注意事项：拿单把锅时双手握住锅把，将锅持平；拿双耳锅时两手分别握住左右两侧锅耳，将锅端起。

shì wù máng　máng duō cuò　wù wèi nán　wù qīng lüè

事勿忙　忙多错　勿畏难　勿轻略

【注释】

1. **忙**：慌忙，慌张。

2. **畏**：害怕，畏惧。

3. **轻略**：轻视，忽略，草率，马虎。

【解读】

做事不要急急忙忙、慌慌张张，因为忙中容易出错，越“忙”就会越“茫”，然后就会越“盲”。做事时不要畏苦怕难而犹豫退缩，也不可以轻视问题，随便应付了事。

【知识拓展】

躁急自败

成语躁急自败出自周容《杂忆七传》中的一篇短文，原文如下。

庚寅冬，予自小港欲入蛟川城，命小奚以木简束书从。时，西日沉山，晚烟萦村，望城二里许。因问渡者：“尚可得南门开否？”渡者熟视小奚，应曰：“徐行之，尚开也；速进，则阖。”予愠为戏。趋行及半，小奚仆，束断书崩，啼未即起。理书就束，而前门已牡下矣。予爽然，思渡者言近道。天下之以躁急自败，穷暮而无所归宿者，其犹是也夫？

译文　顺治七年冬天，我从小港出发，想要进入镇海县城，让书童用夹书的木板捆着书跟着我。当时太阳已经落山，傍晚的云雾环绕着山林。看看离城还有两里左右，便向摆渡

的人问道："还能赶得上南门开吗?"船夫仔细看了看书童,回答道:"慢慢地前行,还能在城门开着时赶到;走得快了,(在走到之前)城门就关闭了。"我以为他是拿我开玩笑,心里很生气。(我)快步赶路,走到了一半路程时,书童摔了一跤,捆书的绳子断了,书也散落了一地,小书童哭都来不及,立即从地上爬起来。等我们收拾好书,把书捆好继续前进,城门已经关上了。我才恍然大悟,明白了摆渡的人所说的话非常接近真理。天下因为急躁而导致自己失败,到了晚年也没有成就的人,大概就像这样吧!

dòu nào chǎng　jué wù jìn　xié pì shì　jué wù wèn
斗闹场　绝勿近　邪僻事　绝勿问

【注释】

1. **斗闹**:打闹,吵架。
2. **场**:场所。
3. **绝**:绝对。
4. **近**:接近,靠近。
5. **邪僻**:不正当的思想或行为。

【解读】

一些不良场所,容易发生争吵的地方,如赌博、色情等是非之地,要勇于拒绝,不要接近,以免受到不良影响,使自己沾染上恶习。一些奇怪、偏激、荒诞不经的事也要谢绝参与,更不要好奇询问,以免污染了善良的心性。

【知识拓展】

网瘾的危害

现在的青少年都有上网的习惯,但由于年龄还小,没有很好的自制能力和分辨能力,因此会在网络上接受一些不良信息,同时也会染上可怕的网瘾。网瘾会产生如下危害。

(1)诱发说谎隐瞒上网的情况和程度等行为。

(2)造成青少年视力下降、生物钟紊乱和神经衰弱等。

(3)会出现品行障碍,诱发逃学,孤僻、暴躁,产生攻击性等反常行为。

(4)一些学生终日沉迷于网络聊天、网络游戏,以致荒废了学业。

(5)导致青少年出现记忆力减退的现象,对其他活动缺乏兴趣,为人冷漠,缺乏时间观念,情绪低落。

(6)一些青少年网民过分沉迷于网上的"人—机"式交往,会忽视真实存在的人际关系,产生现实人际交往萎缩和角色错位的现象。

(7)很多上网成瘾的孩子与他人甚至父母的沟通较差,情绪不稳定,易怒、多变,没有自控能力,自己做的承诺不能兑现。

jiāng rù mén　wèn shú cún　jiāng shàng táng　shēng bì yáng

将入门　问孰存　将上堂　声必扬

rén wèn shuí　duì yǐ míng　wú yǔ wǒ　bù fēn míng

人问谁　对以名　吾与我　不分明

【注释】

1. **将**:将要,即将。

2. **孰**:谁。

3. **存**:在。

4. **堂**:厅堂,屋内。

5. **扬**:提高声调。

6. **对**:回答,对答。

7. **名**:姓名。

8. **分明**:清楚,明白。

【解读】

将要进别人家时,要问一声:有没有人在家?将要走进正屋,要大声和主人打招呼。别人询问你是谁?要回答出你的名字,光说一声"是我",人家还是不知道你是谁。

【知识拓展】

接快递开门要小心

近年来,随着网络购物的风靡,居民对于快递员渐渐失去了警惕,轻易给陌生人开门的习惯给不法分子提供了便利,引发了多起入室抢劫乃至抢劫杀人的案件。

2013年2月25日，安徽合肥，一男子利用捡来的烟盒，以送快递为名，诱骗独自在家的王女士开门，强行进入屋内抢劫。行抢期间，男子用螺丝刀敲打王女士，用海绵塞入王女士口中，并掐住其脖子，对王女士进行人身伤害。

警方提醒，遇到可疑人员可要求其出示身份证，并向快递人员核对自己的姓名、货物名称等信息，避免假快递员上门。

快递的收货地址最好选择工作单位等场所，万一真的遇到了入室抢劫的歹人，不要硬碰硬，留意对方的长相，寻找机会逃跑。

另外，市民网购时，不要将自己的个人隐私或详细地址透露给任何人，签收单拿到手后要尽量撕碎或烧掉，防止个人信息泄露。

yòng rén wù　xū míng qiú　tǎng bú wèn　jí wéi tōu

用人物　须明求　倘不问　即为偷

【注释】

1. 用：借用。

2. 求：请求。

3. 倘：如果。

4. 即：就是。

【解读】

当你需要跟别人借东西或使用别人的东西时，一定要明明白白地告诉对方。如果没有事先征求同意，擅自取用就是偷窃行为。尽量避免主人不在时，随意取用对方物品。即使事后告知，也会给对方带来不快。

【知识拓展】

拾金不昧的年轻人

有一位年轻人住在老板家,年轻人很感激老板,便经常帮忙打扫卫生,打扫卫生时经常会捡到钱,每次年轻人都会如数把钱还给老板,而且一分不少。半年后,当年轻人离开老板家时,便将心中的好奇说了出来,“为什么你不把钱收好呢?”老板笑着说:“这样才能看出你是个诚实的好孩子呀。”

一文钱也不可贪

古代有位秀才,外出时看见一位年轻人买书时掉了一文钱,年轻人并不知道自己的钱掉了,秀才一时起了贪心,并用脚踩住了,等年轻人走后把钱据为己有。不远处的老人家看见了,便询问了他的名字。不久,这位秀才考中功名,上任时欲求见巡抚,但这位长官一直避而不见。过了不久他以贪污罪被弹劾并除去了官职,秀才纳闷自己还未上任,怎么会背上贪污之名呢?后来才知道,这位长官就是当年看见他踩住一文钱的老人。

思考

(1)第一个故事中的年轻人与第二个故事中的秀才,他们日后的发展会不会相同?请你续写这两则故事,为故事主人公找到一个圆满的结局。

(2)当今社会,我们应该如何面对金钱或利益?

jiè rén wù　jí shí huán　hòu yǒu jí　jiè bù nán

借人物　及时还　后有急　借不难

【注释】

1. **还**:归还,送还。

2. **急**:急用。

【解读】

借来的物品，要爱惜使用，并准时归还，以后若有急用，再借就不难。

【成语名言】

慎终如始，则无败事。 ——《老子》

图大者，当谨于微。 ——吕近溪

力能胜贫，谨能胜祸。 ——《齐民要术》

在顺境中要节制，在逆境中要谨慎。 ——佩里安德

谨慎是勇敢的一部分。 ——西班牙谚语

事前的谨慎，胜于事后的追究。 ——日本谚语

不要对一切人都以不信任的眼光看待，但要谨慎而坚定。 ——德谟克利特

谦虚谨慎和不谋私利，是人们所赞扬的美德，却也为人们所忽略。 ——莫洛亚

信

诚信是一个人最大的特长

一个非常不善于长跑的士兵,在一次部队的越野赛中被同伴远远地甩在后面,一个人孤零零地跑着。突然遇到了一个岔路口,一条路标着军官专用,另一条路标着士兵跑道。看着标着士兵跑道的那条泥泞小路,他停顿了一下,虽然对军官在越野赛上占便宜感到不满,但是仍然朝着士兵的小径跑去。没想到,半个小时后到达终点的他居然是全队第一。他感到不可思议,长跑从不是自己的特长,自己以前连前50名都没有得到过。过了几个钟头后,大批人马才到,他们跑得筋疲力尽,当主持赛跑的军官笑着恭喜这个不擅长跑的士兵取得了比赛的胜利时,大家才醒悟过来,岔路口的路标是一道考题,虽然长跑不是这个士兵的特长,但诚信却是他最大的特长,也是这场比赛取胜的关键。

fán chū yán　xìn wéi xiān　zhà yǔ wàng　xī kě yān

凡出言　信为先　诈与妄　奚可焉

【注释】

1. **凡**:凡是。
2. **出言**:说话。
3. **诈**:欺骗,狡诈。
4. **妄**:胡说,乱讲。
5. **奚**:怎么。

【解读】

开口说话,一定要讲诚信,答应他人的事情,一定要遵守承诺,没有能力做到的事不能随便答应,更不能欺骗和用花言巧语对待他人。

【知识拓展】

君子一言，驷马难追

出处:《论语·颜渊》:“夫子之说，君子也，驷不及舌。”《邓析子·转辞》:“一声而非，驷马勿追;一言而急，驷马不及。”

释义:一句话说出了口，就是四匹马拉的车也难追上。指话说出口，就不能再收回。

2007年全国诚实守信模范——武秀君

武秀君夫妇从事建筑施工多年，凭借诚信经营，树立了良好的商业信誉。2002年，武秀君的丈夫因车祸去世，留下个人名义的债务270多万元、债权300多万元。武秀君在承受巨大痛苦的同时，仍然没有忘记诚信，顶着家庭和债务双重压力，走上了代夫还债之路。

武秀君一一打电话告诉债权人自己的电话号码，并将丈夫的欠款签字改成自己的名字。账目不清，她打电话重新核对;没有找她要账的人，她主动打电话承诺一定要把欠款还上。她领着工程队继续承揽工程，用挣来的钱、要来的欠款还债。就这样，5年里，她还清了数百笔欠款。别人欠她的钱，有的是折价偿还，有的是始终拖欠，但都没有影响她主动还债。

2003年，武秀君还了100万，2004年还了40万，2005年还了30万，2006年11月，还清了最后一笔欠款。

思考　武秀君为什么会成为全国诚实守信模范？你从哪些地方可以看出她的可贵品质？

启示　武秀君恪守信用、坚持还债，正体现了诚信的基本要求之一，即对人守信、对事负责，也表现了对他人积极负责的态度和诚信为本的精神。

【课后实践】

诚信从我做起

我们去医院就诊会怀疑，去市场买菜时会担心，受雇于人时会猜测，雇用别人时会提防，借钱给人时会担忧，想助人为乐时会小心……在缺乏诚信的社会里，我们被弄得筋疲力尽，人人自危。时代呼唤诚信，人心渴望诚信。

给对方一次机会，多相信别人一点；给自己一份轻松，守信于人。从小事做起，做到言必行，行必果，言而有信。

huà shuō duō　bù rú shǎo　wéi qí shì　wù nìng qiǎo

话说多　不如少　惟其是　勿佞巧

【注释】

1. 惟：只有。
2. 是：真实的。
3. 佞巧：花言巧语。

【解读】

话说得多不如话说得少，话说得少不如话说得好。说话要恰到好处，立身处世应该谨言慎行，谈话内容要实事求是，所谓："辞达而已矣！"不要有花言巧语、谄媚讨好的成分。

【知识拓展】

一言九鼎

释义 九鼎:古代国家的宝器,象征九州。一言九鼎,形容说的话分量大,起决定作用。

出处 出自西汉司马迁所著的《史记·平原君虞卿列传》:“毛先生一至楚,而使赵重于九鼎大吕。毛先生以三寸之舌,强于百万之师。胜不敢复相士。”

典故 战国时,赵国的都城邯郸被秦国的军队包围了,形势危急之下,赵国国君孝成王派平原君到楚国求援。平原君打算带领二十名门客前去完成这项使命,已挑了十九名,尚余一个定不下来。这时,毛遂自告奋勇提出要去,平原君半信半疑,勉强带着他一起前往楚国。

平原君到了楚国后,立即与楚王谈及“援赵”之事,谈了半天楚王一言不发。这时,毛遂对楚王说:“我们今天来请您派援兵,您一言不发。您别忘了,楚国虽然兵多地大,却连连吃败仗,连国都都丢掉了。依我看,楚国比赵国更需要联合起来抗秦!”毛遂的一席话说得楚王心悦诚服,立即答应出兵援赵。

平原君回到赵国后感慨地说:“毛先生一至楚,而使赵重于九鼎大吕。”平原君夸奖毛遂“一言九鼎”的本意是形容毛遂的口才好,演变到现代渐渐成了信守诺言的意思。

墨子的回答

墨子是中国古代一位重要的思想家。有一次,他跟他的弟子子禽对话。子禽问墨子:“说话多有好处吗?”墨子说:“那些蛤蟆、青蛙,还有苍蝇,白天黑夜叫个不停,但是你觉得有很多人去听吗?”子禽说:“没有,很讨厌。”墨子接着讲:“但是你看看那些雄鸡,每天只在黎明的时候按时啼叫,雄鸡一叫,天下人就要起床,所以多说话有什么用呢?重要的是说话要有作用,要切合实际,这样大家才会听你的,重视你的话。”

jiān qiǎo yǔ　huì wū cí　shì jǐng qì　qiè jiè zhī
奸巧语　秽污词　市井气　切戒之

【注释】

1. **奸巧**:奸诈,取巧。
2. **秽**:肮脏,下流。
3. **市井**:粗俗的意思。
4. **戒**:戒除,避免。

【解读】

不要花言巧语,要讲有用的话,真实的话。奸诈取巧的语言,下流肮脏的话以及街头无赖粗俗的口气,都要避免,不去沾染。就像《论语》中说的:“君子欲讷于言,而敏于行。”

【知识拓展】

说话的艺术

古人云:“良言一句三冬暖,恶语伤人六月寒。”口乃福祸之门,言多必失。在说话时如何能既达到目的,又使谈话双方心情愉快?

首先,要会聆听,要先将对方说话的中心思想搞明白,不要急于说话。打断别人说话也是不礼貌的。

其次,要学会发现对方的优点,在说话时将阐述对方的优点作为开场白,使对方潜意识里接受你的谈话内容,但夸奖对方时要实事求是,态度也要真诚。

再次,要学会用幽默的话语打破尴尬,解除矛盾点,使谈话氛围变得轻松愉快。

最后,学会肯定对方,尽量避免说“不”,将拒绝性话语换成建议、商讨式的暗示,从而引导对方向你的目标思考。

【课后实践】

规范语言习惯，改掉口头禅

日常生活中，我们或多或少会有一些不合适的口头禅，这些言语上的习惯，虽然有时没有恶意，但也会使对方听了心里不舒服，甚至会使对方认为我们是粗劣不堪的人，从而放弃与我们的交往。因此，规范语言习惯，将口头禅，特别是含有脏话的口头禅改掉，会使我们受益终生。

jiàn wèi zhēn　wù qīng yán　zhī wèi dì　wù qīng chuán

见未真　勿轻言　知未的　勿轻传

【注释】

1. **真**：真实情况。
2. **轻**：轻易。
3. **的**：确信。
4. **传**：传播。

【解读】

任何事情都要透过现象看本质，对事情了解得不够清楚明白时，不可以任意传播，以免造成不良后果。

【知识拓展】

三人成虎

出处　《战国策·魏策二》：“夫市之无虎明矣，然而三人言而成虎。”

释义　城里本没有老虎，三个人谎报集市里有老虎，听者就信以为真。比喻谣言或讹传经多人重复述说，就能使听者信以为真。

典故 魏国大臣庞恭，将要陪魏太子到赵国去做人质。他怕离开魏王太久，会有小人在魏王身边说自己的坏话，陷害自己。于是他在临行前对魏王说："如果有一个人来，说街市上出现了老虎，大王相信吗？"魏王说："我不相信。"庞恭说："有两个人说街市上出现了老虎，大王相信这种说法吗？"魏王说："我开始质疑。"庞恭又说："三个人说街市上出现了老虎，大王相信这种说法吗？"魏王答道："我会相信。"庞恭就说："集市上不可能有老虎，可是有三个人说有老虎，就变成真的有老虎了。如今，赵国国都邯郸离魏国国都大梁的距离比这里到街市远了许多，而议论我的人也一定超过三个人。希望大王能考察识别那些人的话。"魏王说："我自己知道。"庞恭走了之后，诋毁他的话果然出现了。

闪光的品格

一个顾客走进一家汽车维修店，自称是某运输公司的汽车司机。他对店主说："在我的账单上多写点零件，我回公司报销后，有你一份好处。"但店主拒绝了这样的要求。顾客纠缠说："我的生意不算小，会常来的，你肯定能赚很多钱！"店主告诉他，这事无论如何也不会做。顾客气急败坏地嚷道："谁都会这么干的，我看你是太傻了！"店主火了，他要那个顾客马上离开，到别处谈这种生意去，这时顾客露出微笑并满怀敬意地握住店主的手："我就是那家运输公司的老板，我一直在寻找一个固定的、信得过的维修店，你还让我到哪里去谈这笔生意呢？"

面对诱惑，不怦然心动，不为其所惑，虽平淡如行云，质朴如流水，却让人领略到一种山高海深的气度。这是一种闪光的品格——诚信。

shì fēi yí　　wù qīng nuò　　gǒu qīng nuò　　jìn tuì cuò

事非宜　勿轻诺　苟轻诺　进退错

【注释】

1. 宜:适合,妥当。

2. 诺:许诺。

3. 苟:一旦,如果。

【解读】

不合理的事情就不要答应。如果轻易允诺,会面临做也不是,不做也不好的局面,使自己陷入进退两难的境地。

【知识拓展】

一诺千金

释义　诺:承诺。许下的一个诺言有千金的价值。比喻说话算数,极有信用。

出处　《史记·季布栾布列传》:"得黄金百,不如得季布一诺。"

失信而丧生

《郁离子》中记载了这样一个故事。济阳有个商人过河时船沉了，他抓住一根大麻秆大声呼救。有个渔夫闻声赶来。商人急忙喊："我是济阳最大的富翁，你要是能救我，给你 100 两金子。"渔夫把商人救上了岸，可商人却翻脸不认账了。他只给了渔夫 10 两金子。渔夫责怪他不守信用，出尔反尔。富翁说："你一个打鱼的，一生都挣不了几个钱，突然得 10 两金子还不满足吗?"渔夫只得不快地离去。没想到后来那个富翁又一次在同样的地方翻船了，有人想要去救他的时候，那个曾被他骗过的渔夫说："他就是那个说话不算数的人！"于是商人淹死了。

fán dào zì　zhòng qiě shū　wù jí jí　wù mó hū

凡道字　重且舒　勿急疾　勿模糊

【注释】

1. **凡**:凡是。

2. **道字**:说话，讲话。

3. **重**:清楚，清晰。

4. **舒**:流畅，缓慢。

【解读】

讲话时要口齿清晰，咬字应该清楚；说话要流畅，慢慢讲，不要着急，要把重点讲清楚，不可含糊不清。

【知识拓展】

说话的技巧

急事,慢慢地说;大事,清楚地说。

没把握的事,谨慎地说;没发生的事,不要胡说。

做不到的事,别乱说;伤害人的事,不能说。

方言带来的笑话

话说某地一个口音很重的县长到村里作报告:“兔子们,虾米们,猪尾巴!不要酱瓜,咸菜太贵啦!”(同志们,乡民们,注意吧!不要讲话,现在开会啦!)

县长讲完后,主持人说:“咸菜请香肠酱瓜!”(现在请乡长讲话!)

乡长说:“兔子们,今天的饭狗吃了,大家都是大王八!”(同志们,今天的饭够吃了,大家都使大碗吧)

思考　地方方言虽然很有特色,但为什么不能通用?我们是不是应该普及普通话呢?你身边还发生过哪些因吐字不清引起的笑话?

信近于义,言可复也;
恭近于礼,远耻辱也;
因不失其亲,亦可宗也。

bǐ shuō cháng	cǐ shuō duǎn	bù guān jǐ	mò xián guǎn
彼说长	此说短	不关己	莫闲管

【注释】

1. 彼:那个。
2. 此:这个。
3. 关:关系,相关。
4. 莫:不要。
5. 管闲:管闲事。

【解读】

遇到他人说是非,听听就算了,要有智慧地进行判断,不听别人的坏话,不听闲言是非,和自己没有什么关系的小事不必多管。

【成语名言】

心不妄念,身不妄动,口不妄言,君子所以存诚;
内不欺己,外不欺人,上不欺天,君子所以慎独;
无愧父母,无愧兄妹,无愧夫妻,君子所以宜家;
不负国家,不负生民,不负所学,君子所以用世。

——李叔同

是非只为多开口,烦恼皆因强出头。

——《增广贤文》

息事宁人的谎言,胜过搬弄是非的真话。

——萨迪

【课后实践】

明辨身边"是"与"非"

"是"是指人的行为符合法律和道德的要求,适应社会的发展需要,不损害国家的、集体的和他人的合法权益。反之,则为"非"。如何判断一个人的行为或一件事情的是与非、对与错,决定一件事该做还是不该做呢?

我们身边经常会对同一个概念有不同的理解和做法,看似无所谓的小事,然而却反映了一个人的品格。

(1)等价交换。A 叫 B 替他做值日,打扫卫生。B 说:"那你就帮我做作业吧。"

打扫卫生和做作业是他们各自的责任,应该自己完成,不能作为利益互相交换。是不正确的。

(2)打抱不平。一个同学打翻了A的饭盒,却假装没看见。B看见了说:“等我去扎他的自行车车胎!”

同学之间的矛盾应该通过交流、沟通去解决,不能“以牙还牙”。

(3)好样的。一个青年因屡次打架伤人被拘留了,A对B说:“我知道这个人专为朋友两肋插刀,是个好样的。”

对社会上的不良行为没有正确的判断,缺乏正确的是非观。

是与非不是个人主观兴趣、愿望和好恶,而是法律和道德的要求。

发现身边的那些被认为正常而实则非正确的事情,说出你的分析,思考是否愿意效仿他们的行为。

jiàn rén shàn　jí sī qí　zòng qù yuǎn　yǐ jiàn jī

见人善　即思齐　纵去远　以渐跻

【注释】

1. 善:好的行为,好的品质。
2. 齐:看齐。
3. 纵:即使。
4. 跻:赶上。

【解读】

看到别人好的地方或有善行义举的时候,要向他看齐,马上就下决心,有志向去赶上他。即便与他比起来还差很多也要立下一个长远的规划,向他学习,逐渐赶上他。要不吝于赞美,不应该鄙视,更不应该有嫉妒之心。

【知识拓展】

古文一则

吾闻君子上比，所以广德也；下比，所以狭行也。比于善，自进之阶；比于恶，自退之原也。诗云："高山仰止，景行行止。"吾岂敢自以为君子哉？志向之而已。

——《说苑·杂言》

"吾闻君子上比，所以广德也"，上比，指和比自己强的人去比，一般人只会在物质生活方面去跟比自己强的人比，但是君子不是，君子比的是道德。在道德上比，所以"广德也"，君子的道德水准提高得很快。

"下比，所以狭行也"，如果往下比，就会越比路越窄。比如一个人上课迟到两分钟，另一个人迟到三分钟，迟到两分钟的人认为自己比迟到三分钟的人强，这就是向下比。

"比于善，自进之阶"，如果去追求善的，将自己按照好的标准随时去对照、努力，人就会进步得很快。

"比于恶，自退之原也"，如果经常跟不如自己的人比，跟做得不好的人比，就会每天都在退步。

"吾岂敢自以为君子哉？志向之而已。"我哪里敢自认为君子啊？只不过我内心向往做一个君子罢了。

jiàn rén è　jí nèi xǐng　yǒu zé gǎi　wú jiā jǐng
见人恶　即内省　有则改　无加警

【注释】

1. **恶**：不好的行为，不好的品质。

2. **即**：立刻。

3. **加**：更加。

4. **警**：警惕，小心。

【解读】

当我们看到别人有过失、有不对的时候，要反躬自省，检讨自己是否也有这些缺失，有则改之，无则加勉。

【知识拓展】

孟子对人性善恶的看法

《孟子·公孙丑》有这样一段内容："无恻隐之心，非人也；无羞恶之心，非人也；无辞让之心，非人也；无是非之心，非人也。"

孟子认为，人必须有这四种心。恻隐之心，即同情心；羞恶之心，即觉得不好意思，知道害羞，自省之心；辞让之心，指应该知道彼此谦让、谦退；是非之心，指知道什么是对的，什么是错的。他认为人必须有这四种"心"，没有这四种"心"那就称不上人了，这是孟子对人性善恶的看法。

坏心眼的青蛙

从前有一只青蛙，它和老鼠成为好朋友，但青蛙是一个居心不良的家伙。有一天青蛙和老鼠一起出门，青蛙用绳子把老鼠和自己的脚绑在一起，说这样才不会走散，其实是心存歹念。它们两个玩了一会之后，青蛙觉得口渴就"噗通"一声跳下水，老鼠在后面喊救命，青蛙也不管它。不久老鼠就被淹死了，尸体漂浮在水面上，青蛙没有顾忌绑在一起的老鼠继续往前游，这时一只老鹰俯冲而下，把老鼠的尸体一攫而起，青蛙也一起进了老鹰的肚子里。

启示：这个故事告诉我们想要害人的人，最后往往害了自己。

【课后实践】

想想身边的善与恶

勿以恶小而为之,勿以善小而不为。想想发生在我们身边的事哪些是善的,哪些是恶的呢?

善 不随便伤害小动物,遇到师长行礼问好,礼让座位给老弱妇孺,带受伤的同学去医务室,捡到他人的物品要归还……

恶 边走边吃东西,随地吐痰,乱丢垃圾,污染环境,太过浪费,随意丢弃可以吃或可以用的物品,对父母、师长没有礼貌,大吼大叫或是顶撞,喜欢讲别人的缺点……

wéi dé xué wéi cái yì bù rú rén dāng zì lì
唯德学 唯才艺 不如人 当自砺

ruò yī fú ruò yǐn shí bù rú rén wù shēng qī
若衣服 若饮食 不如人 勿生戚

【注释】

1. **唯**:必须,唯有。
2. **德**:德行。
3. **学**:学问。
4. **砺**:磨砺,此处可引申为奋发图强。
5. **若**:如果。
6. **戚**:悲戚,难过。

【解读】

看到人家学业好、功课好、品德好、才艺好,我们都要勉励自己奋发图强,赶上对方。如果是衣服和饮食方面不如别人,穿的不如别人光鲜,吃的不如别人讲究,那么不要去比,没什么好比的,更不要因此生气、不愉快。君子要忧道不忧贫。

【知识拓展】

阮咸晒衣

阮咸是西晋时期著名的文学家,小时候家里非常贫寒,吃的、穿的都很平常。魏晋时,男人出门是要扑粉的,人们对外表很看重。但是,阮咸安贫若素,在有钱人面前泰然自若,一点都不自卑。在古代有一个习俗,就是每年农历的七月初七,都要晒衣服,也叫晒箱子底。因为古人认为七月七日的太阳力量最大,所以要把家里的衣服拿出来晒一晒。但很多人家是不晒的,或者挑一些稍微像样的衣服拿出来晒,因为怕丢脸。阮咸不是,非常坦然,家里有什么衣服,他就晒什么衣服,哪怕是一地的破衣服。别人都跑过来看,他也不在乎,很淡然。他说:“我不和你们比衣服,我和你们比才华。”于是“阮咸晒衣”就成了千百年来中国人教育孩子的经典故事:不要因为富贵就看不起人,不要因为贫穷而感到自卑。重要的是,自己是不是通过努力拥有了才华。

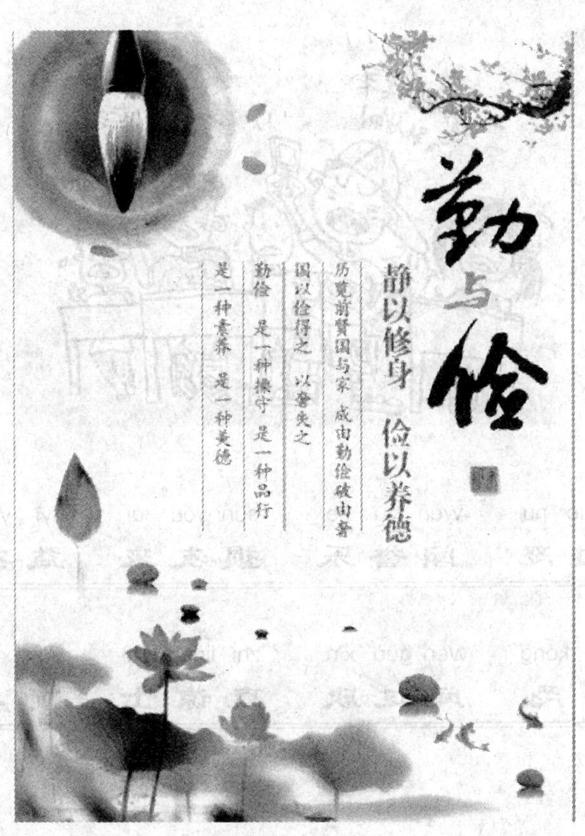

【课后实践】

我们都在比什么？

日常学习生活中，我们经常会与周围的人比较。哪些比较是有益于我们身心健康的？哪些是不利于我们成长与成才的？

有益的比较：比谁的学习成绩好，谁做的善事多，谁掌握的技能多，谁对周围的贡献大，谁的度量大，谁更勤俭，谁更有礼貌……

不利的比较：比谁的花销多，谁的衣服是名牌，谁的家世好，谁更会欺负人，更会说俏皮话……

不进行那些不利于自己成长与成才的比较，为自己找到正确的榜样。

wén guò nù　wén yù lè　sǔn yǒu lái　yì yǒu què
闻过怒　闻誉乐　损友来　益友却

wén yù kǒng　wén guò xīn　zhí liàng shì　jiàn xiāng qīn
闻誉恐　闻过欣　直谅士　渐相亲

【注释】

1. **闻**:听到。
2. **誉**:赞誉,赞美。
3. **却**:退却,离开。
4. **恐**:恐惧,不安。
5. **欣**:欣喜。
6. **直谅士**:正直诚信的人。

【解读】

一听到批评就暴跳如雷,不高兴,发怒;一听到夸奖和表扬就高兴,只听得进好话,听不进一些批评指正的意见,那么不好的朋友都来接近你,良朋益友都躲着你,离你而去。反之,如果听到他人的称赞后不得意忘形,还能自省继续努力,唯恐做得不够好;当别人批评自己的缺点时,不但不生气,还能高兴地接受,那么正直诚信的人,就会渐渐喜欢和我们亲近了。正所谓物以类聚,人以群分;同声相应,同气相求。

【知识拓展】

损友、益友的标准

在《论语·季氏》里，孔子认为："益者三友，损者三友。友直，友谅，友多闻，益矣。友便辟，友善柔，友便佞，损矣。"

好朋友有三类人：一正直，二宽容，三博学多才，知识面广。

损友也有三类人：第一，献媚逢迎的人，老讨好你，每天都说你好，嘴上都捧你，好像你就是个完人一样；第二，两面三刀的人，当面说你好，背后却说你的不是和坏话；第三，花言巧语的人。这三类人都是不好的朋友。

思考 哪些人是对自己有益的朋友呢？我们应该交什么样的朋友？

虢国之亡

古代虢国，有一个整天只爱听好话，听不得反面意见的国君，身边围满那些阿谀奉承、溜须拍马、两面三刀、花言巧语的小人。因此，国君很难听到实话，所以虢国很快就灭亡了。虢国国君在战乱逃走时，那些平时常伴在身边溜须拍马的人早就不知去向了，最后陪在他身边的只有一个赶车的车夫。当他们逃到荒郊野外时，这个国君又饿又渴，车夫赶紧拿出准备好的吃食给国君。国君酒足饭饱后奇怪地问道："你怎么会事先准备好呢？"车夫是个老实人，所以就直接说："我是特意替大王您准备的，以备在逃亡的路上充饥、解渴。"国王说："你早就知道我会有逃亡这一天啊？"车夫说："是的，我早就估计到你有这一天。"国君一听就怒了说："既然这样，你为什么不早点告诉我？你连我逃难时吃的都准备好了，却不提醒我？"车夫说："您只喜欢听奉承的话，别人提的意见，哪怕再有道理，您也听不进去啊。我一个车夫，哪敢跟您提意见？您不但不会听，恐怕还会要了我的命。"国君听到这里，脸都气紫了，指着那个车夫大骂："你这个混蛋，早不告诉我，还说我是个不贤明的君主。"这个车夫心想：完了，这昏君都死到临头还不知悔改。车夫想想说："大王息怒，大王息怒，我说错

了。”之后,这个车夫在国君睡着时悄悄离开了。后来这个国王孤苦伶仃地死在了逃亡的路上。

思考 虢国灭亡的原因是什么?你愿意做这样的国君吗?

【课后实践】

闻誉恐,闻过欣

正确面对他人的批评,感恩那些能够向我们直接指出缺点的人,他们是帮助我们不断完善自我的一盏明灯。所以在接受别人意见或批评时,我们要保持心态平和,自我反省,态度真诚,心怀感恩。

wú xīn fēi míng wéi cuò yǒu xīn fēi míng wéi è
无心非 名为错 有心非 名为恶

【注释】

1. 非:错误,邪恶。
2. 名:称。
3. 有心:故意,有意思。

【解读】

“人非圣贤,孰能无过”,无意做了坏事,叫作“错”;存心做坏事,明知故犯,叫作“恶”。

【知识拓展】

过失犯罪与故意犯罪

我国《刑法》第十四条和第十五条明文规定，所谓故意犯罪即为明知其行为会发生危害社会的结果，并且希望可能发生危害社会的结果，希望或放任其行为的发生，因而构成犯罪。而过失犯罪则为，应当预见其行为因为疏忽大意而没有预见，或已预见但由于过于自信没能避免，以致发生危害结果。两者的区别主要在于主观思想，故意犯罪具有明显的主观故意性，过失犯罪没有主观的故意，而是客观因素导致事态的发展延续。

《刑法》对故意犯罪和过失犯罪处罚的区别是：我国刑法以处罚故意犯罪为原则，以处罚过失犯罪为例外。我国刑法中大多数的罪名为故意犯罪，而过失犯罪只是刑法中的一小部分。例如"危害国家安全罪"中的所有罪名都是故意犯罪。刑法对故意犯罪处罚持严厉的态度，故意犯罪在量刑方面强调的一点是"造成严重后果"或"情节特别恶劣的"加重对犯罪的处罚。而过失犯罪只有在造成严重后果的情况下才会受到刑法的处罚。另外，刑法在对故意犯罪和过失犯罪"减轻、从轻或免除处罚"方面，对过失犯罪持相对较轻的态度，对故意犯罪要慎重得多。

guò néng gǎi　guī yú wú　tǎng yǎn shì　zēng yì gū

过能改　归于无　倘掩饰　增一辜

【注释】

1. 归：回到。
2. 无：没有。
3. 倘：如果。
4. 辜：罪过，过错。

【解读】

过失不要怕,只要你能改过,不再犯,这个过就永远不再造作;不再造作,这些过失就等于没有了。如果为了面子,死不认错,还要去掩饰,那就是错上加错了。

错误可能会失败
但失败不是错误
人可以失败
但不能在每个地方都失败

【知识拓展】

合肥老人搭车意外死亡,子女拒车主赔偿感动网友

有一天,一位普通农妇刘女士在骑电动三轮车赶集的归途中,遇到同村 76 岁的李老太太及其孙女步行回村,遂热心搭载她们坐"顺风车"。不料路上三轮车侧翻,三人均受伤,其中李老太太伤情最重,经抢救无效去世。出于愧疚,刘女士主动提出给予经济赔偿,而李老太太家属四次坚决拒绝。刘女士说:"如果不是我好心办坏事,老太太就不会走得这么早。无论花多少钱都必须补偿!"李老太太家属则说:"我们不能让好人做了好事,却得不到好报。"

思考 这则时事体现了什么道理?

启示 人与人之间需要扶危助困、相互尊重、理解包容、勇于担当与实事求是的诚信精神。

【课后实践】

知错能改,善莫大焉

"子曰:知耻近乎勇"。当我们说一句谎话之后,要用一百句谎话来遮掩这一句谎话。做错了事情,我们不是受不了别人的指责,最受不了的是自己内心的矛盾和谴责。

我们要诚信于己,守信于人,知错能改,勇于担当。

泛爱众

fán shì rén　jiē xū ài　tiān tóng fù　dì tóng zài

凡是人　皆须爱　天同覆　地同载

【注释】

1. **须**:应该,必须。
2. **覆**:覆盖。
3. **载**:承载。

【解读】

无论是什么人,我们都要相亲相爱。因为我们都生活在地球上,同是天地所生、万物滋养的,应该不分你我,互助合作,才能维持这个共生共荣的环境。

【知识拓展】

拥有博爱之心

庄子主张:物无贵贱,泛爱万物,天地一体,天地与我并生,万物与我为一。明代著名思想家王守仁说:天地万物,与人原为一体 。然而有这样一组调查数据不得不令我们进一步反思。

据考察研究发现,一万年前,每一百年有一个物种消失;一千年前,每十年有一个物种

消失;一百年前,每一年有一个物种消失;二十年前,每一年有五百个物种消失;五年前,每一年有一万个物种消失。

思考 当地球上各个物种都纷纷消失时,作为物种之一的人类,还可能存活吗?

106 岁有爱不老

许哲女士1900年出生于中国广东省汕头市,是新加坡等地区八所老人院的创办人。她为不适应一般老人院的独居老人打造了一个温暖的家,大家尊她为“现代特里萨”。

许哲心中始终挂记着那些困苦的人,她健康快乐的秘诀是“给予”。她每天只吃一餐水果蔬菜或一杯鲜奶,衣服都是捡来的,很是节俭。但她却把身边所有金钱和财物都捐助给最需要的人。四处闻声济苦,她谦称她的信仰就是爱人——无条件地爱。

许哲老人长寿健康的秘诀,就是不停歇地做义工,常常忘我、忘身,忘了今夕是何年。许哲认为:“我不是一个人来到这个世界的,这里有很多我的同伴,帮助他们是我的职责。”

许哲女士27岁才上小学一年级,面对第二次世界大战的悲惨状况,45岁的她写信感动了英国护校校长,获准入学研习护理课程八年。八年的刻苦学习,让她拥有更多的帮助人的本领,甚至把全部生命奉献给需要的病人、老人,不论地域,不论种族。世界上很多地方都留下了她医护救人的足迹。

思考 许哲健康快乐的秘诀是什么?给予、奉献与年龄有关吗?

【课后实践】

泛爱众，护环保

(1)使用环保餐具，不使用一次性筷子、餐盒等。据调查，仅我国台湾每天使用约280万双免洗卫生筷，一年约十亿双。平均36人一年产生1吨免洗餐具垃圾，需砍伐20棵大树。

(2)多参加植树造林活动；避免随意砍伐树木，造成水土流失。

(3)使用环保购物袋，避免使用塑料袋。将可回收利用的垃圾与不可回收利用的垃圾区别处理。

xìng gāo zhě　míng zì gāo　rén suǒ zhòng　fēi mào gāo

行高者　名自高　人所重　非貌高

【注释】

1. 行：读xìng，意为品行，德行，行为举止。

2. 名：名声，名誉。

3. 自：自然。

4. 重：敬重。

【解读】

一个人品德涵养都很好，足以服众人，大家看到他的言行举止，就会从内心不由自主地敬仰他、尊敬他。大家所敬重的是他的德行，而不是他的外表和容貌。

【知识拓展】

以貌取人

《史记·仲尼弟子列传》中有如下记载。孔子的弟子宰予,口齿伶俐,能言善辩,最初颇受孔子器重。后来他不孝、寡恩的面目逐渐暴露,行为懒散、松弛,大白天也怠惰睡觉,孔子斥骂他“朽木不可雕”。对倡导“因材施教”“有教无类”的万世师表而言,这几乎是孔子一生中最重的话语,对宰予的失望暴露无遗。

孔子的另一个弟子子羽,容貌丑陋,孔子因此而生偏见,认定他是材性薄弱、难成大器的人。没想到子羽认真、好学,人品学识誉满四方,追随他的学生多达300人。孔子于是感叹道:“吾以言取人,失之宰予;以貌取人,失之子羽。”

cái dà zhě　wàng zì dà　rén suǒ fú　fēi yán dà

才大者　望自大　人所服　非言大

【注释】

1. 才:才学,才能。
2. 望:名望。
3. 服:佩服。
4. 言大:夸夸其谈,自吹自擂。

【解读】

有才能的人,处理事情的能力卓越,声望自然很大;然而人们之所以欣赏、佩服,是他的为人处世的能力,而不是因为他很会说大话。

【知识拓展】

牛根生的用人观点

蒙牛乳业集团创始人牛根生先生认为“小胜凭智，大胜靠德”。因此，在选用人才上他有这样的理念：有德有才——破格使用；有德无才——培养使用；无德有才——限制使用；无德无才——坚决不用。

晏子使楚

有一年，齐国派晏子到楚国办事。楚王看晏子个子很矮，就嘲笑他说：“你们齐国没人了吗？怎么派了个矮个子来见我？”晏子听了之后并没生气，他微微一笑，说：“我们齐国有个规矩，上等的国家，要派上等人去；中等的国家，要派中等人去。我是个最没用的人，只好派我到楚国来了。”听了晏子的话，楚王羞得满脸通红，同时也为晏子的机智和不卑不亢的态度所折服，再也不敢轻视晏子了。

jǐ yǒu néng　wù zì sī　rén suǒ néng　wù qīng zī

己有能　勿自私　人所能　勿轻訾

【注释】

1. 能:才能,能力。

2. 轻:轻易,随便。

3. 訾:诋毁,说别人坏话。

【解读】

自己有才华和能力,要去帮助别人,不要只考虑自己,为自己牟利而舍不得对他人付出。对于他人的才华和能力,应当学习、欣赏,而不是轻视、嫉妒,随便批评、毁谤。

【知识拓展】

朱子治家格言

人有喜庆,不可生妒忌心;
人有祸患,不可生喜幸心。
见富贵而生谄容者,最可耻;
遇贫穷而作骄态者,贱莫甚。

举贤,内不避亲,外不避仇

晋平公在位时,南阳县缺少个县令。于是,晋平公问大夫祁黄羊,谁能胜任这个职务。祁黄羊回答说:“解狐可以。”晋平公听了很惊讶,说:“解狐不正是你的杀父仇人吗?你怎么推荐仇人呢?”祁黄羊答道:“您是问我谁担任县令这一职务合适,并没有问谁是我的仇人。”于是,晋平公派解狐去任职。果然不出祁黄羊所料,解狐任职后为民众做了许多实事、好事,受到南阳民众的拥护。又有一回,朝廷需要增加一位军中尉,于是晋平公又请祁黄羊推

荐。祁黄羊说：“祁午合适。”平公不禁问道：“祁午是你的儿子，难道你就不怕别人说闲话吗？”祁黄羊坦然答道：“您是要我推荐军中尉的合适人选，而没有问我儿子是谁。”平公接受了这个建议，派祁午担任军中尉的职务。结果祁午不负所望，干得非常出色。孔子听了以后，感慨道：“太好了！祁黄羊推荐人才，对外不排斥仇人，对内又不回避亲生儿子，真是大公无私啊！”

wù chǎn fù　wù jiāo pín　wù yàn gù　wù xǐ xīn

勿谄富　勿骄贫　勿厌故　勿喜新

【注释】

1. **谄**：谄媚，讨好，巴结。
2. **骄**：轻视，看不起。
3. **厌**：厌恶。
4. **故**：旧的。

【解读】

不要去巴结富有的人，也不要轻视穷人。不要喜新厌旧，对于老朋友要珍惜，不要贪恋新朋友或新事物。

【知识拓展】

宋弘念旧

宋弘是东汉时的司空,其人才华横溢,相貌堂堂。当时光武帝刘秀的姐姐湖阳公主丈夫刚刚去世,汉朝时还没有像宋朝、明朝那样对丧偶再嫁进行严格约束,所以作为弟弟,光武帝很关心自己的姐姐,就和湖阳公主谈论起朝中的大臣,看看哪位适合与姐姐结下良缘。湖阳公主对弟弟说:“宋公(宋弘)容貌威严,而且有大德,我看朝廷里的臣子没有一个赶得上他的。”

光武帝听后,心里明白了姐姐的心意,然后就去找宋弘,打算说媒。宋弘知道了光武帝的来意后,坚决地表示:“臣闻贫贱之交不可忘,糟糠之妻不下堂。我的妻子与我同甘共苦这么多年,我不能因为贪享荣华而放弃她,这样我的良心会过不去的,还请皇上您收回成命。”

光武帝听了以后非常钦佩,回去就跟自己的姐姐说:“这件事情还是算了吧,他的道德水准和操守非常高。恐怕姐姐没有这个福分与他一起生活了。”

rén bù xián　wù shì jiǎo　rén bù ān　wù huà rǎo

人不闲　勿事搅　人不安　勿话扰

【注释】

1. 搅:打搅。
2. 安:安定。
3. 扰:打扰。

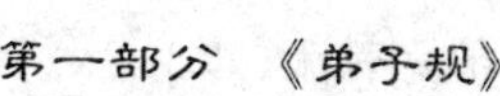

【解读】

不要去打扰正在忙碌的人，当别人心情不好、身心欠安的时候，不要闲言闲语干扰他，增加他的烦恼与不安。

rén yǒu duǎn qiè mò jiē rén yǒu sī qiè mò shuō

人有短 切莫揭 人有私 切莫说

【注释】

1. **短**：短处，缺点。

2. **切莫**：一定不要。

3. **揭**：揭穿，揭露。

4. **私**：隐私，私密的事情。

【解读】

看到别人有缺点，不要去揭穿；对于他人的隐私，要保守秘密，切忌去张扬。

【知识拓展】

揭人不揭短

《史记·宋微子世家》记载：宋闵公十一年秋季的一天，南宫万陪宋闵公去蒙泽打猎。射猎之余，二人下起围棋。下着下着，两人因棋争论起来。按说南宫万身为人臣，不能和宋闵公较真，应该礼让宋闵公，但南宫万不肯让步。宋闵公也失去了君主的身份和涵养，破口大骂："我原来是很敬重你的，可现在你只不过是鲁国的一个俘虏而已！"原来，闵公十年，宋国助齐伐鲁时，在乘丘之战中，南宫万被鲁国人活捉，后经宋闵公派人求情才得以释放。现在宋闵公揭了南宫万的短处，让南宫万无地自容，于是南宫万恼羞成怒，随手拎起棋盘，照着宋闵公头上打去。宋闵公登时被打得颅骨碎裂，当场毙命。

思考 南宫万作为人臣，尚且不能容忍其主揭自己的短，何况平常的关系呢？所以，"打人不打脸，揭人不揭短"是必须做到的，否则，其后果不堪设想。

【课后实践】

学会巧妙地提醒

在日常生活中,我们会出现一些小的尴尬,例如:对方裤子拉链开了,在许多同学面前,你怎么去提醒对方,才能避免造成更大的尴尬呢?

面对一些小问题,当事人不知情时,我们要学会用巧妙的办法提醒对方。

dào rén shàn　jí shì shàn　rén zhī zhī　yù sī miǎn

道人善　即是善　人知之　愈思勉

【注释】

1. 道:称道,称赞。

2. 愈:更加。

3. 思:想要。

4. 勉:勉励,勤勉。

【解读】

赞美他人的善行就是行善。当对方听到你的称赞之后,必定会更加勤勉地行善。我们把善良的一面多推广,就是做了一件善事。

【知识拓展】

背后夸人的俾斯麦

俾斯麦是德国的铁血宰相。他有一个下属一直不喜欢他的政治作风，所以对他充满敌意。俾斯麦为了争取这个下属，就经常在其他人面前赞美和夸奖他。他的赞美最终传到了这个下属的耳朵里。从此以后，下属对俾斯麦的态度明显好了很多，最后两个人还成为了关系很好的政治盟友。

【课后实践】

学会用积极、赞美的语言沟通

在与周围人交流时，注意尽量避免使用否定、消极的语言，如“不可以……”“太无聊”等。要尽量采用积极、赞美的语言进行沟通，使周围的人感觉与你相处愉悦而轻松。

例如，当你乘车下车时，对司机说：“谢谢，坐您的车十分舒适。”或是：“您开车的技术太好了！”与某人合作完成一件事时，你可以向对方说：“和你合作真愉快，下次咱俩会更默契。”或者说：“你真的很厉害，我和你在一起学到了很多东西。”当我们面对长相一般的女孩子时，可以对她说：“你今天看起来特别精神。”或者说：“你的笑声太有感染力了。”

yáng rén è　　jí shì è　　jí zhī shèn　　huò qiě zuò

扬人恶　即是恶　疾之甚　祸且作

【注释】

1. 扬:宣扬。

2. 恶:恶行,错事或缺点。

3. 疾:痛恨。

4. 甚:更加,非常。

5. 且:就要。

6. 作:引发,发作。

【解读】

宣扬他人的过失或缺点,就是做了一件坏事。如果指责、批评太过分了,还会给自己招来灾祸。

【知识拓展】

马加爵事件

马加爵是一位从广西农村到云南大学读书的农家子弟,因为家中十分贫穷,所以一天以两个馒头度日,甚至过年回家的车费都成问题。家庭的贫困导致同学的嘲弄,使他形成了反社会性格。在即将拿到学位的新年前夕,因为同学嘲笑他,他用斧头砍杀了室友与同学,之后逃亡广西街头,混迹在菜场与垃圾堆里,最后在乞丐群中被发现,披头散发浑身是泥。马加爵在监狱中穿上了囚服,他说:"这是我穿过的最好的衣服。"

思考

(1)为什么马加爵会做出这种让人无法置信的错事?他没有做到《弟子规》中的哪些教诲?

(2)为什么这几位遇害的同学会遭遇这种事情?他们没做到《弟子规》中的哪些教诲?

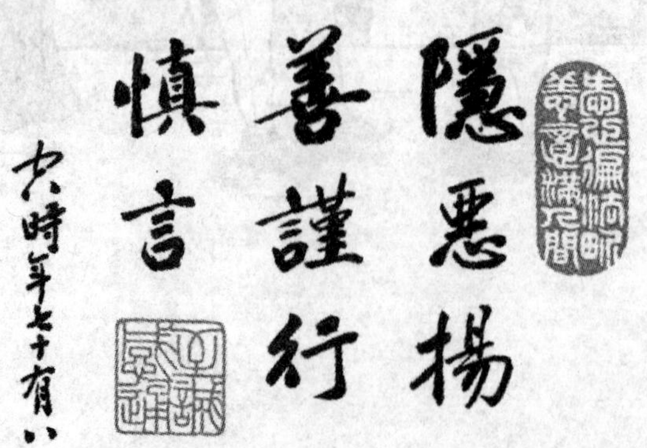

shàn xiāng quàn　dé jiē jiàn　guò bù guī　dào liǎng kuī

善相劝　德皆建　过不规　道两亏

【注释】

1. **善**：善心，善待。

2. **建**：建立，养成。

3. **规**：规劝。

4. **亏**：亏损，缺失。

【解读】

朋友之间应该互相规劝，共同建立良好的品德修养。如果有错不能互相规劝，两个人的品德都会有缺陷。

【知识拓展】

郑均悟兄

汉朝时，郑均的哥哥是一位小官吏，常收受别人送来的礼物，郑均见状常劝告哥哥，但他都不听，所以他便出外工作。一年后，他将辛苦工作所得的钱都给了哥哥，也劝告哥哥：“我们可以用劳力赚钱来买自己想要的东西，但如果犯了贪污罪，一生的名誉都将毁于一旦。”他哥哥因此改过向善，成为一位廉洁的官吏。当哥哥过世后，郑均独立抚养嫂嫂和侄儿。

【课后思考】

当用言语劝告他人时，如果他不听该怎么做呢？

fán qǔ yǔ　guì fēn xiǎo　yǔ yí duō　qǔ yí shǎo

凡取与　贵分晓　与宜多　取宜少

【注释】

1. 凡:凡是。

2. 取:拿,取得。

3. 与:给予。

4. 贵:贵在,可贵的是。

5. 分晓:清楚。

6. 宜:最好,应该。

【解读】

财物的取得与给予,一定要分辨清楚,给予别人要多一点,自己占有要少一点,这样才能与人和睦相处。

jiāng jiā rén　xiān wèn jǐ　jǐ bú yù　jí sù yǐ

将加人　先问己　己不欲　即速已

【注释】

1. 将:想要。

2. 加:强加于。

3. 欲:想要,欲求。

4. 速:立刻,立即。

5. 已:停止。

【解读】

要求或拜托别人做事之前,先要问问自己:换作是我,喜欢不喜欢?如果连自己都不喜

欢,就要立刻停止。

【知识拓展】

己所不欲,勿施于人

出处 出自《论语·卫灵公》,子贡问曰:“有一言而可以终身行之者乎?”子曰:“其恕乎!己所不欲,勿施于人。”

释义 子贡问孔子:“有没有一个字是可以终身奉行的呢?”孔子说:“大概就是‘恕’了。自己不想要的(或不想做的事),不要强加在别人身上。”

这句话所揭示的是处理人际关系的重要原则。孔子所言是指人应当以对待自身的行为为参照物来对待他人。人应该有宽广的胸怀,待人处事之时切勿心胸狭窄,而应宽宏大量,宽恕待人。倘若自己都不想要的,硬推给他人,不仅会破坏与他人的关系,也会将事情弄得僵持而不可收拾。人与人之间的交往确实应该坚持这种原则,这是尊重他人、平等待人的体现。

【故事分享】

故事一则

小琪和小莉两个人平时喜欢吵架,尤其小莉,骂人很凶,常常会把小琪骂哭。有一次,小琪打水时摔倒了,小莉看见不但没帮忙,反而嘲笑小琪是笨蛋。小琪回家后向妈妈诉说,妈妈告诉她:“如果你送礼物给别人,别人不要时,该怎么办呢?”小琪说:“那就自己带回去呗。”妈妈说:“同样的道理,别人骂你你不接受,也请她自己带回去吧!”

思考

(1)小莉喜欢骂人的行为好不好?你是不是也喜欢骂人?

(2)你有没有碰到过喜欢骂人的同学?如果是你,你会怎么办?

(3)如果发现自己有骂人的坏习惯,怎样改正?

ēn yù bào　yuàn yù wàng　bào yuàn duǎn　bào ēn cháng

恩欲报　怨欲忘　抱怨短　报恩长

【注释】

1. 恩:恩德,恩惠。
2. 欲:要。
3. 报:报答,回报。
4. 短:短暂。
5. 长:长期。

【解读】

受人恩惠要时时想着报答,要有感恩之心。别人有对不起自己的事,应该大度地把它忘掉,不要老放在心上,使自己苦恼。至于别人对我们的恩德,要常记不忘,常思报答。

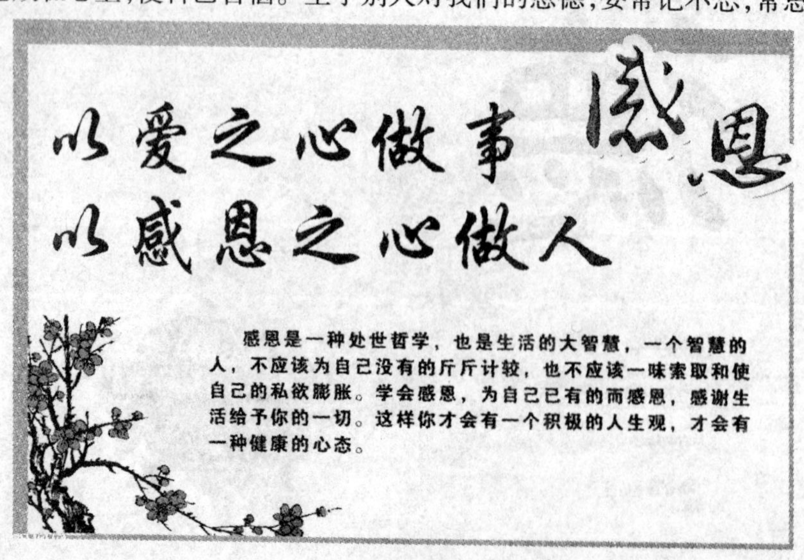

【知识拓展】

感恩词

感谢国家培养护佑，感谢父母养育之恩；
感谢老师辛勤教导，感谢同学关心帮助；
感谢农夫辛勤劳作及所有为我们付出的人。
感谢伤害你的人，因为他磨炼了你的心志；
感谢欺骗你的人，因为他增进了你的见识；
感谢遗弃你的人，因为他教导了你应自立；
感谢绊倒你的人，因为他强化了你的能力；
感谢斥责你的人，因为他助长了你的智慧。

韩信报恩

汉朝大将韩信在未受重用之前，生活很困苦。他常到河边钓鱼，但不是每次都能钓到鱼，所以时常饿肚子。河边住着一位以洗衣为生的妇女，她非常同情韩信，时常给他饭吃。韩信很感激她，便对她说："将来我要是飞黄腾达，一定会好好报答您。"妇人听完后一脸不悦地说："我是同情你的遭遇，但不是指望你报答我。"

一次韩信到市场卖鱼，有一恶少侮辱他说："你常佩剑上街，你敢来刺我吗？如果不敢就从我的胯下爬过去！"韩信一声不吭地爬过去，市场的人都笑他胆小。

后来，韩信帮刘邦打天下，被封为楚王。他想起河边妇人的帮助与恶少的侮辱，便赏赐妇人黄金千两，授予恶少中尉的官职。后来韩信对左右的人说，当日若无两位恩人，我今天不可能会有这样的成就。

思考

(1)我们要学习韩信什么样的精神？

(2)为什么妇人和恶少都得到了韩信的报答？

【课后实践】

感恩需表达

给一直在关心自己、默默付出辛劳的父母或师长打一个电话,或写一封信,要向他们说出:“谢谢您,您辛苦了！感谢您这么多年来的陪伴和付出!”

dài bì pú　shēn guì duān　suī guì duān　cí ér kuān

待婢仆　身贵端　虽贵端　慈而宽

【注释】

1. **待**:对待。

2. **婢仆**:古代有钱人家的仆人,现在指钟点工、保姆和家政服务人员等。

3. **贵**:注重,重在。

4. **端**:端正。

5. **宽**:宽容。

【解读】

对待家中的雇佣工人、保姆等,自己的品行要端正,以身作则。虽然品德端正很重要,但是仁慈、宽大更可贵。

【知识拓展】

马俊仁恕之德

明朝人马俊,四十多岁妻子才生了一个儿子,儿子长得眉清目秀,夫妇二人视若珍宝。在孩子四岁的时候,有一天婢女抱他出去游玩,不小心失手将小儿从高处跌落下来,伤到左边额头,因此毙命。马俊看到这种情景,悲痛欲绝,但知道于事无补。想到如果让妻子知道实情后,后果将不堪设想。便叫婢女赶快离开,一切由自己来承担。当妻子痛苦地询问事

情经过时,他欺骗妻子说:“是我不小心失手,跌伤了儿子的性命。”妻子顿失爱子,如遭晴天霹雳,痛心疾首,好几次举身猛撞马俊,将其扑倒在地。婢女满怀愧疚,跑回家中,向她父母叙述事情经过,父母感动万分,日夜焚香对天祷告,愿上天保佑马恩公,早生贵子。第二年马家果然生了马森,左边额头上隐隐约约有块赤色痕迹,马森因为承袭了父亲的仁恕之德,日后成为明朝贤臣。

思考 如果你是马俊,发现儿子被婢女不小心摔死后,你会作出什么反应呢?你会像马俊那样做吗?如果不是会有什么结果?

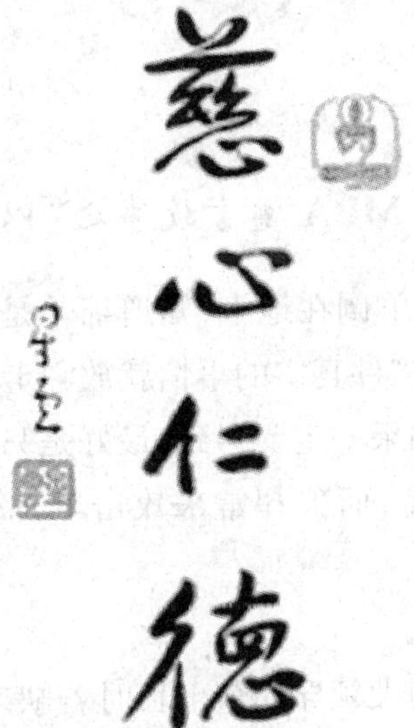

shì fú rén　xīn bù rán　lǐ fú rén　fāng wú yán

势服人　心不然　理服人　方无言

【注释】

1. **势**:权势。
2. **然**:同意。
3. **理**:道理。
4. **方**:才。

【解读】

不能用权势、地位来强令他人服从于你,因为这样对方可能会口服心不服。唯有以理服人,别人才会心悦诚服,没有怨言。

【知识拓展】

哈佛大学MBA寓言故事之"以理服人"

已饱餐一顿的狼发现一只绵羊倒在地上,知道绵羊是因过分害怕而昏倒,就走过去叫它不要怕,并答应绵羊,只要说出三件真实的事情就放它走。于是绵羊说出了下面三件事。

第一是不想遇到狼;第二是如果一定要遇到,最好是只瞎眼的狼;第三是希望所有的狼都死掉,因为羊对狼丝毫没有恶意,而狼却常来攻击羊,欺负羊。狼认为绵羊说的话都没错,就放他走了。

寓意　真理有时能感动敌人。

思考　在公司里,小职员碰到大领导如董事长时若缺乏自信,觉得自己处处不对劲,就会被看成庸才,若能镇定地讲出心中的感受,让老板真正地了解问题、解决问题,必能受到赏识。

亲仁

tóng shì rén　lèi bù qí　liú sú zhòng　rén zhě xī

同是人　类不齐　流俗众　仁者希

【注释】

1. **类**:类别,各类。

2. **齐**:一样。

3. **流俗**:流于世俗的人。

4. **众**:多。

5. **希**:同"稀",稀少。

【解读】

同样是人,道德品质、心智水平却参差不齐,流于世俗的人多,仁慈博爱的人少。

【知识拓展】

"流俗众"是什么意思?

一般人看到别人做了不对的事,虽然心里知道这是错的,但是看久了,就会不自觉地跟着做,这就是"流俗众"的意思。

例如,看到别人起哄去打架闹事,很多同学会跟着去,事后老师问他们为什么要打架,

他们往往会说，某某某叫我去，我就去了。再如，当我们看到有人把垃圾丢在我们的座位上时，心想，这又不是我的垃圾，是别人丢过来的，就会把垃圾再丢到别人的座位上，这样做对吗？

思考 是不是很多人都在做的事就是对的事呢？

guǒ rén zhě　rén duō wèi　yán bú huì　sè bú mèi

果仁者　人多畏　言不讳　色不媚

【注释】

1. **果**：果真。
2. **讳**：避讳，忌讳。
3. **媚**：谄媚，阿谀奉承。

【解读】

如果有一位仁德的人出现，人们看到他的威仪，内心就会敬畏他，因为他言语真诚，行为坦荡，不会为一己私利而去讨好他人。

【知识拓展】

不卑不亢

不卑不亢，同不亢不卑。指不卑下也不高傲，形容态度言语有分寸。这个词出现在外交场合的频率较高，通常用来形容一个出色的外交家在外国人面前特有的风骨，也指平常人的品格。出自明朝朱之瑜的《答小宅生顺书十九首》：“圣贤自有中正之道，不亢不卑，不

骄不谄,何得如此也!”

在日常生活中,无论面对什么样的人,既不畏惧自卑、低三下四,又不自大狂傲、放肆嚣张,要堂堂正正、坦诚乐观、豁达开朗、从容不迫、落落大方、一视同仁,言语进退有度。

不卑不亢的诸葛恪

三国时,吴王孙权曾唆使太子嘲弄小小年纪的诸葛恪,太子对诸葛恪说:“请你吃马粪一石。”在这种情况下,公开顶撞至尊至贵的太子是不妥的,但听之任之又显得低声下气。既不能公开地冒犯他,又必须巧妙地回击,这的确是个难题。

可是,诸葛恪听完太了的话后,立刻微笑着回答:我请太子吃鸡蛋三百。孙权不解地问:“太子请你吃马粪,你不生气,还请他吃鸡蛋,是什么意思?”诸葛恪回答:“因为二者一样,它们都是同一个地方出来的。”

马粪与鸡蛋虽然不同,但的确是从同一个地方出来的。此话一点也听不出不礼貌的色彩,但又显示了诸葛恪不卑不亢的态度。

思考 面对地位、权势高于自己的人故意羞辱、嘲笑时,我们应该怎么办呢?

néng qīn rén　wú xiàn hǎo　dé rì jìn　guò rì shǎo

能亲仁　无限好　德日进　过日少

【注释】

1. 亲:亲近。
2. 好:好处,益处。
3. 德:品德,德行。
4. 进:进步。
5. 过:过错,过失。

【解读】

能够亲近有仁德的人,向他学习,那是再好不过的了,因为他会使我们的德行一天比一天进步,过错一天比一天减少。

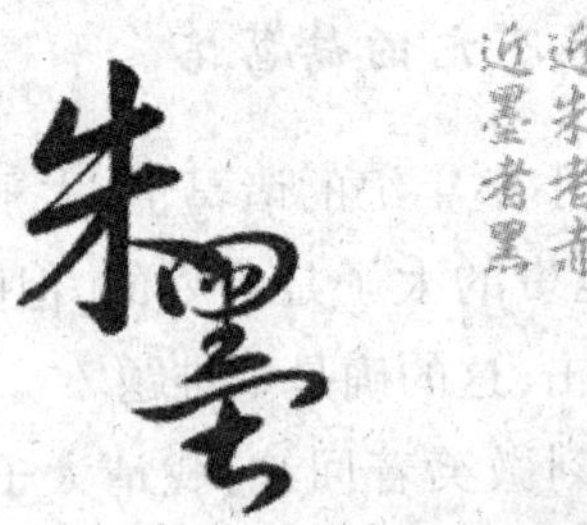

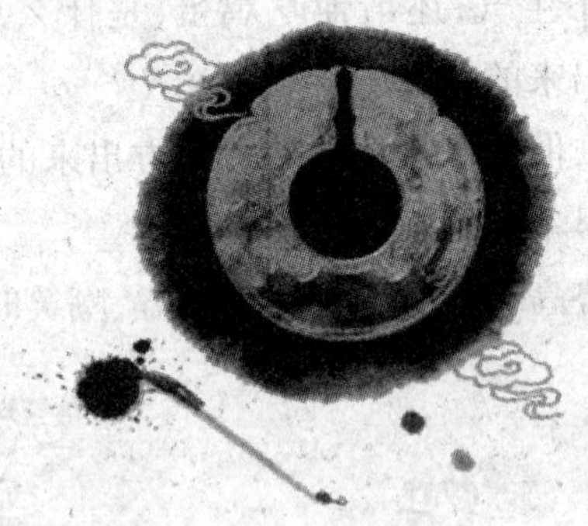

【知识拓展】

近朱者赤,近墨者黑

释义　靠着朱砂的变红,靠着墨的变黑。比喻接近好人可以使人变好,接近坏人可以使人变坏。指客观环境对人有很大影响。

出处　晋朝文学家和哲学家傅玄在《太子少傅箴》中指出:"近朱者赤,近墨者黑;声和则响清,形正则影直。"意思是说,一个人生活在好的环境里受到好的影响,生活在坏的环境

里会受到坏的影响，强调环境对人的影响。

典故 孟子对戴不胜说："你希望你的君王向善吗？我告诉你吧，比如说有一位楚国的大夫，希望他的儿子学会说齐国话，是找齐国的人来教他好呢，还是找楚国的人来教他好？"戴不胜说："找齐国人来教他好。"

孟子说："如果一个齐国人来教他，却有许多楚国人在他周围用楚国话来干扰他，即使你每天鞭打他，要求他说齐国话，那也是不可能的。反之，如果把他带到齐国去，住在齐国的某个街市，比方说名叫庄岳的地方，在那里生活几年，那么，即使你每天鞭打他，要求他说楚国话，那也是不可能的了。你说薛居州是个好人，要他住在王宫中。如果在王宫中的人，无论年龄大小还是地位高低都是像薛居州那样的好人，那么君王和谁去做坏事呢？相反，如果在王宫中的人，无论年龄大小还是地位高低都不是像薛居州那样的好人，那么君王又和谁去做好事呢？单单一个薛居州能把宋王怎么样呢？"

bù qīn rén　wú xiàn hài　xiǎo rén jìn　bǎi shì huài

不亲仁　无限害　小人进　百事坏

【注释】

1. **害**：害处，祸害。
2. **进**：进入，指乘虚而入。
3. **坏**：败坏，失败。

【解读】

如果不肯亲近仁人君子，就会有无穷的祸害，就会有一些不良的朋友常伴在我们周围。日积月累，我们的言行举止都会受到他们的影响，导致整个人生的失败。

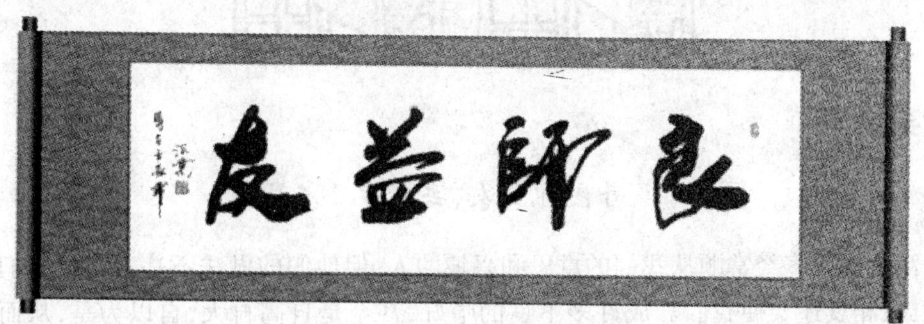

【知识拓展】

一位"死刑犯"的忏悔

曾经有位犯绑架杀人罪的"死刑犯"，在被执行枪决前，写了一本自传，即《我悔罪，请你

原谅》,里面有一封写给年轻人的信,呼吁他们不要步自己的后尘。

信中描述他大部分的时间是耗在狱中的,从少管所到感化院,再到监狱。最初他的品行并不坏,只是喜欢玩,不爱读书,和朋友一起在外游荡。小学二年级时开始逃学,初中第一天上课看到英文课本后,就再也不上学了。后来跟一些所谓的朋友到处玩,因打架斗殴被送到少年管教所。

他希望年轻朋友不要像他一样交错朋友,毁掉自己的人生。他以自己的经验写了一些提醒,告诉大家好朋友不会教你做的事。

(1)邀你玩通宵不回家。

(2)教你学抽烟、喝酒或打麻将之类的事情,告诉你这才是人生。

(3)邀你逃学、闲逛甚至吸毒。

(4)邀你在上课时间出去游玩。

(5)向你要钱或找各种借口要你去找钱。

(6)教你带棍棒去与人谈判,或找对方说理。

贪财是万恶之源,他自己就是因为贪钱而误入歧途的,最后欲哭无泪、后悔莫及。希望大家能引以为借。

【课后实践】

寻良师益友,去奸佞小人

生活中有很多经常顺从我们的意思和兴趣的人,但他们的做法不一定会给我们的身心带来健康,相反还会使我们养成许多不良的嗜好,甚至是自高自大,自以为是,从而不懂得反省自己,查找不足。同样,我们身边也有许多时常会违逆我们想法、指点我们改正错误的人,虽然在感情上一时难以接受,但他们的意见和做法会使我们改变不良习惯,成为一个有道德、有前途的人。

明辨是非善恶,战胜自我感受,勇于接受批评,亲近那些真正帮助自己改正缺点和毛病的良师益友,远离那些放纵自己恶劣行径的小人。

余力学文

bú lì xíng　dàn xué wén　zhǎng fú huá　chéng hé rén

不力行　但学文　长浮华　成何人

【注释】

1. **力行**：努力做，这里指身体力行前面的孝、悌、谨、信、爱和仁。
2. **但**：只是，仅仅。
3. **长**：滋长。
4. **何**：什么。

【解读】

不能身体力行孝、悌、谨、信、泛爱众和亲仁等，一味死读书，就算掌握了一些知识，也只是增长自己浮华不实的习气，变成一个不切实际、没有出息的人。那样的话读书又有什么用？

【知识拓展】

纸上谈兵

释义 指在纸面上谈论打仗。比喻空谈理论,不能解决实际问题。也比喻空谈不能成为现实。

典故 成语出自《史记·廉颇蔺相如列传》。战国时赵国名将赵奢之子赵括,年轻时学兵法,谈起兵事来父亲也难不倒他。后来他接替廉颇为赵将,在长平之战中,只知道根据兵书打仗,不知道变通,结果被秦军打败。

马谡失街亭

三国时,诸葛亮十分器重一个叫马谡的人,对待他像亲生儿子一样。有一次司马懿派兵攻打街亭,诸葛亮正考虑要派哪位将领去镇守时,马谡便自告奋勇。由于马谡过去曾出过一些好主意,赢得了诸葛亮的信任,这次又自信必胜,诸葛亮便把镇守街亭的重任交给了他,并让王平帮助他。临行前又谆谆叮嘱了三点:一是要把军营安扎在道路的关键地方,才能使敌人不能偷偷过去,这是守卫街亭的基本部署;二是安营扎寨后,马上画出四至八道地理形状图本送给我(诸葛亮)看,这是防止部署错误的保险措施;三是凡事商议好了再行动,不要轻易草率行事,这是要求王平尽到辅佐匡救之责。

可惜的是,骄矜自用的马谡却完全违背了诸葛亮的意思。他一到街亭便讥笑诸葛亮"多心",认为魏军不会来。接着,他又撇开诸葛亮"下寨必当要道之处"的指示,把营房安置于山上。王平再三劝告,指出魏军若包围蜀寨,断绝取水的道路,蜀军就会不战自乱。而他却固执己见。王平苦谏无效,只好分走五千兵到山西下寨。马谡自行其是,目空一切的行为导致后来中了敌人的计策,水源也被截断,最后敌人放火烧山,马谡只好领兵冲下山,大军惨败,痛失街亭。事后诸葛亮为了正军纪,也只好挥泪斩了马谡。

思考 马谡如果听从诸葛亮和王平的建议会战败吗?

启示 马谡虽然饱读兵书,却没有作战的经验,而且又骄傲地不听他人的劝告,最后只会害了自己。

纸上谈兵

dàn lì xíng　bù xué wén　rèn jǐ jiàn　mèi lǐ zhēn

但力行　不学文　任己见　昧理真

【注释】

1. 但：只是。
2. 任：任由，放任。
3. 见：见识，这里指偏见。
4. 昧：糊涂，难以分辨。

【解读】

只知道做事，而不知道学习文化知识，获得人事间的道理；任由自己的偏见想法作主，从而不能分辨事理的真谛，使自己成为愚昧的人。

【故事分享】

张良刺秦与圯上老人

张良,战国时韩国人。其祖父和父亲都曾做过韩国的宰相,因此韩国被秦国打败后,他立志要刺杀秦始皇为自己的国家报仇。他变卖家财,找了一个大力士,利用秦始皇巡行各地的机会,在博浪沙(今河南原阳县)这个地方用一个120斤重的大铁锤,想把秦始皇的座车打得粉碎,但没想到误中副车,所以没有成功。博浪沙一击失败后,秦始皇四处追缉张良,他只好隐姓埋名。机缘巧合下,他遇见了黄石公(圯上老人),黄石公传授他《太公兵法》。后来他凭借这本兵法辅佐刘邦灭了秦国。刘邦曾称赞张良:"夫运筹策帷帐之中,决胜于千里之外,吾不如子房。"

思考

(1)张良在失败后有没有吸取教训?

(2)张良如何改进自己、充实自己?

(3)张良得以灭秦的原因是什么?

启示 张良最初只会用不对、不好的方法去刺杀,终究失败。他后来吸取教训,学习兵法,辅佐刘邦,灭秦立汉,这正是做到了"学文"而后"力行"。

dú shū fǎ yǒu sān dào xīn yǎn kǒu xìn jiē yào

读书法 有三到 心眼口 信皆要

【注释】

1. 信:确实,相信。

2. 要:有必要。

【解读】

读书的方法要注重三到，即眼到、口到、心到。三者缺一不可，这样能收到事半功倍的效果。

【成语名言】

关于读书的名言

余尝谓，读书有三到，谓心到，眼到，口到。心不在此，则眼不看子细，心眼既不专一，却只漫浪诵读，决不能记，记亦不能久也。三到之中，心到最急，心既到矣，眼口岂不到乎？

——《训学斋规》

性痴则其志凝，故书痴者文必工，艺痴者技必良。世之落拓而无成者，皆自谓不痴者也。

——《阿宝》

书富如入海，百货皆有。人之精力，不能兼收尽取，但得其所欲求者尔。故愿学者每次作一意求之。

——《又答王庠书》

学贵精不贵博。……知得十件而都不到地，不如知得一件却到地也。

——《戴东原先生年谱》

加紧学习，抓住中心，宁精勿杂，宁专勿多。

——周恩来

fāng dú cǐ　wù mù bǐ　cǐ wèi zhōng　bǐ wù qǐ

方读此　勿慕彼　此未终　彼勿起

【注释】

1. **方**：正在，刚刚。
2. **慕**：羡慕，想。
3. **终**：结束，完结。
4. **起**：开始，开启。

【解读】

研究学问，要专一、专精才能深入，你刚读这本书，内心又想到其他的书，这样永远也定不下心，必须把这本书读完，才能读另外一本。

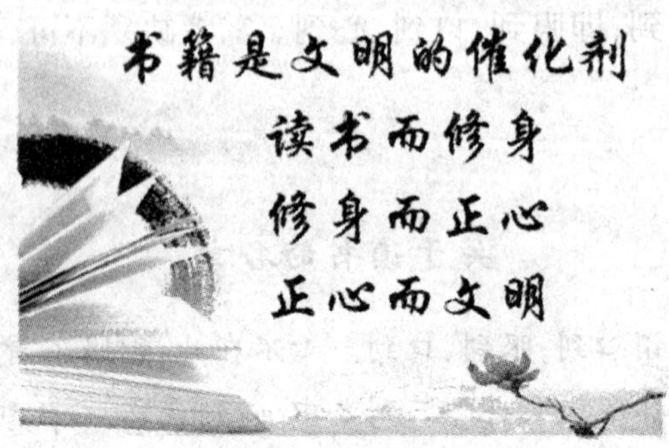

【知识拓展】

囫囵吞枣

把枣整个咽下去,不加咀嚼,不辨滋味。比喻学习知识笼统地接受,不加分析、甄别,不求甚解。囫囵:指整个儿的东西。

典故 从前有个读书不求甚解的人,总自以为看了很多书,懂得了许多道理。有一天,在朋友聚会上,大家边吃边聊,其中有一位客人感慨万分地说:"这世上很少有两全其美的事,就拿吃水果来说:梨对牙齿很好,但是吃了伤胃;枣能健胃,但吃多了会伤牙齿。"大家都觉得很有道理。这个人为了表现自己的聪明,不假思索,马上说:"这很简单嘛! 吃梨时不咽下去,就不会伤胃;吃枣时不要嚼整个吞下去,就不会伤牙啦!"他说完便拿起桌上盘中的一个大枣放在嘴里,整个吞了下去。大家怕他噎到,连忙劝他说:"千万别吞,卡在喉咙里多危险呀!"有个喜欢开玩笑的人说:"你真是囫囵吞枣呀!"大家听了,都笑得前仰后合。

启示 世间的事大都有利有弊,面对现实生活中遇到的问题,我们需认真学习、研究,仔细分析并理解后,兴利除弊找到最恰当的办法。而"囫囵吞枣"的做法,只能惹人发笑,对我们没有益处。

学习張海迪，做有理想
有道德、有文化、守纪律的
共产主义新人！

邓小平 一九八三年
三月四日

韦编三绝

春秋时期的书，主要是以竹子为材料制造的，孔子晚年喜欢《周易》这本书，而《周易》则是由许许多多竹简片用熟牛皮绳编连起来的。孔子花了很大的精力，不知翻开来又卷回去反反复复地阅读了多少遍，同时又附注了许多内容。因为孔子的反复阅读，串联竹简的牛皮带子都被磨断了几次，不得不多次换上新的再使用。后人以此比喻读书勤奋用功。即使读书读到了这样的地步，孔子还谦虚地说："假如让我多活几年，我就可以完全掌握《周易》的文和质了。"

kuān wéi xiàn　jǐn yòng gōng　gōng fū dào　zhì sè tōng
宽为限　紧用功　工夫到　滞塞通

【注释】

1. **宽**：宽裕，放宽。
2. **限**：期限。
3. **紧**：抓紧时间。
4. **滞塞**：学习中不懂的地方。

【解读】

读书要有次第，时间要规划安排得宽松、合理一些，而实际执行时，就要加紧用功，严格执行，不可以懈怠、偷懒，日积月累功夫深了，原先滞碍不通、不能理解的地方便会自然而然地迎刃而解了。

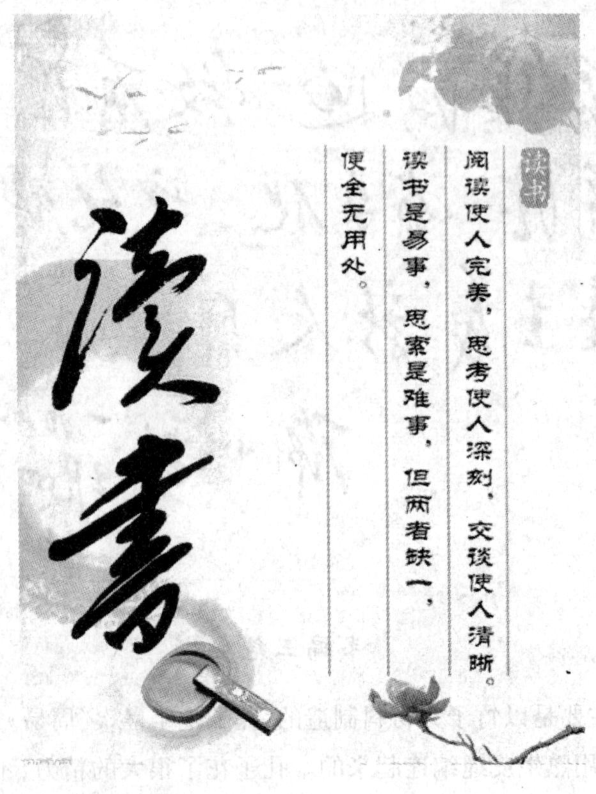

【知识拓展】

欧阳修的"计字日诵"读书法

欧阳修位列唐宋八大家之一，他的词和散文对北宋的文坛产生了巨大的影响。他之所以能取得这样的成就，与他爱读书的习惯和"计字日诵"的读书方法分不开。

欧阳修四岁丧父，家境贫寒。他小小年纪在学习方面就表现出过人的天赋。母亲教他读书，只需教一到两遍就能记住。他求知欲强，特别喜欢读书。十岁的欧阳修已经能认识很多字，并能写文章了。叔父家的书他已经全部看完了，于是欧阳修就到邻居家去借书读。有时对方规定了归还日期，欧阳修就每天给自己定下任务，一本书拿到手后，先统计应读的总字数，再分配到每天，作为当日读书的进度，每天没达到规定的进度就罚自己不吃饭、不睡觉。

后来，欧阳修发现"计字日诵"这种读书方法非常有效，每日定量计字，细水长流，积少成多，终能博览群书。成年后已为官的他依然挤出时间，采用这种读书法来读书。尽管政务繁忙，但他利用每日的零星时间，抓住马上、枕上、厕上的时间勤奋读书，做到时时可读书，处处能读书，工作读书两不误。他精选了《孝经》《论语》《诗经》等十部书，总字数为45万余，然后规定每天熟读300多字，用三年半时间全部熟读完毕；每天背诵170多字，用七年

时间就背熟了。欧阳修说："虽书卷浩繁，第能加日积之功，何患不至？"

欧阳修的"计字日诵"读书法，至今仍值得我们学习。古时书籍流通很少，先人仍能坚持读书。今天，我们身边有这么多好的书籍，又有什么理由不抓紧时间读书呢？

【课后实践】

制订读书计划

选定一些对我们身心健康和知识积累有益的书籍（选书时征求家长或老师的意见，避免不良书籍对我们身心健康的影响），每学期给自己制订一个三至十本的课外读书计划，将读书计划细化到每天读多少页，多少天完成一本书的阅读，然后按计划严格执行。计划需根据自己实际的阅读能力制订，同时可以制定一个奖惩措施，来督促自己更好地完成计划。

xīn yǒu yí　suí zhá jì　jiù rén wèn　qiú què yì

心有疑　随札记　就人问　求确义

【注释】

1. **疑**：疑问，不明白的内容。
2. **札记**：记笔记。
3. **就**：前去，向前。
4. **确**：确定，明确。

【解读】

当我们心中有疑惑，没有办法了解的时候，就应该随时随地记下来，向良师益友请教，务必弄明白它的准确意思。

【知识拓展】

不耻下问

出自《论语》，意思是向地位比自己低、学识比自己少的人请教，也不感到羞耻。

孔子的学生子贡与已逝的孔圉同是卫国人。子贡有一次问孔子说："孔圉的学问及才华虽然很高，但是比他更杰出的人还很多，凭什么卫国国君单单赐给孔圉'文公'的称号呢？"孔子听了微笑说："孔圉非常勤奋好学，脑筋聪明又灵活，但他只要有任何不懂的事情，就算问题很简单，以他的地位或学问应该理解，但可能理解得不全面，他都会大方而谦虚地请教，一点都不会因此感到羞耻，这就是他难得的地方，因此赐给他'文公'的称号并不会不恰当。"经过孔子这样的解释，子贡终于服气了。

启示 我们经常会为了面子而不肯向别人请教，而这种行为往往使我们心胸狭隘，知识浅薄，不懂装懂更是愚蠢可笑的行为。

fáng shì qīng　qiáng bì jìng　jī àn jié　bǐ yàn zhèng

房室清　墙壁净　几案洁　笔砚正

mò mó piān　xīn bù duān　zì bú jìng　xīn xiān bìng

墨磨偏　心不端　字不敬　心先病

【注释】

1. 清:清洁。

2. 净:干净。

3. 几案:书桌。

4. 端:端正。

5. 敬:工整。

6. 病:有问题,毛病。

【解读】

房间、教室要整理干净,墙壁要保持整洁。读书时,书桌上文具要放置整齐,不得凌乱。触目所及皆井井有条,才能静下心来读书。磨墨时如果磨偏了,是你态度不端正;写字时,字迹不整,歪歪扭扭,是心理上有问题。

【知识拓展】

仓颉造字的故事

相传仓颉在黄帝手下当官。那时,官和平常人一样,只是分工不同,没什么威风可言。黄帝派他专门统计圈里牲口的数目、粮仓里的食物量。仓颉为人聪明,做事又尽力、尽心,很快熟悉了所管的牲口和食物,心里都有了详细的了解,很少出差错。可慢慢地,牲口、食物的储藏在逐渐增加、变化,光凭脑袋记不住了。当时又没有文字,更没有纸和笔。怎么办

呢？仓颉犯难了。

仓颉用尽脑汁想办法，先是在绳子上打结，用各种不同颜色的绳子，表示各种不同的牲口、食物，用绳子打的结代表每个数目。但时间一长，就不管用了，增加数目时绳子上打个结很容易，而减少数目时，在绳子上解个结就麻烦了。仓颉又想到了在绳子上打圈圈，在圈子里挂上各式各样的贝壳，来代替他所管的东西。增加了就添一个贝壳，减少了就去掉一个贝壳。这法子挺管用，一连用了好几年。

黄帝见仓颉聪明能干，便让他管理更多的事情，如年年祭祀的次数，回回狩猎的分配，部落人丁的增减，也统统叫仓颉管。仓颉又犯愁了，凭着添绳子、挂贝壳已不能解决问题了。怎么才能不出差错呢？

有一天他参加集体狩猎，走到一个三岔路口时，几个老人为往哪条路走争辩起来。一位坚持要往东，说有羚羊；一位要往北，说前面不远可以追到鹿群；一位偏要往西，说有两只老虎，不及时打死，就会错过了机会。仓颉一问，原来他们都是看着地上野兽的脚印作出的判断。仓颉心中猛然一喜：既然一个脚印代表一种野兽，我为什么不能用一种符号来表示我所管的东西呢？他高兴地拔腿往家跑，开始创造各种符号来表示不同事物。果然，把事情管理得头头是道。这就是字的由来。

启示 汉字的出现经历了漫长的形成过程，体现了中华民族的智慧。今天每一个文字的使用都是对人类文明的见证。因此我们更加需要尊重文字，尊重祖先创造文字的智慧，认真书写。

liè diǎn jí　yǒu dìng chù　dú kàn bì　huán yuán chù

列典籍　有定处　读看毕　还原处

suī yǒu jí　juàn shù qí　yǒu quē huài　jiù bǔ zhī

虽有急　卷束齐　有缺坏　就补之

【注释】

1. 列：陈列，摆放。
2. 定：固定，恒常不变。
3. 卷：书本。
4. 束：整理。

【解读】

书籍课本应分类，排列整齐，放在固定的位置。看完后把书归回原处。虽有急事，也要把书本收好再离开。书本是智慧的结晶，有缺损就要修补，保持完整。古人一书难求，故有修补之举。

【知识拓展】

好学的宋濂

明代著名学者宋濂十分勤奋好学，但因家境贫寒买不起书，只能向朋友借书来读。每次把书借回来，他总是会把书的内容抄录下来，再把书归还。就算天气冷到连墨水都结了冰，他也毫不怠惰地把书抄完还给人家。由于他十分好学，且守信用又爱护书本，所以大家都喜欢把书借给他，宋濂因此饱览群书、学识丰富，成为人们所敬仰的人。

思考

(1)为什么大家都喜欢把书借给宋濂？

(2)如果现代的你也买不起书，那你会用什么样的方式学习？

为善最乐

读书最佳

【课后实践】

卷束齐,就补之

将自己的书籍归类后,放在固定的位置;每天下课后将桌面上的书本整理并摆放好后再离开座位;给书包上书皮,发现在使用中的书本有破损的地方,及时修补粘好。

fēi shèng shū	bǐng wù shì	bì cōng míng	huài xīn zhì
非圣书	**屏勿视**	**蔽聪明**	**坏心志**

【注释】

1. **圣书**:圣贤之书,指有益的书籍。
2. **屏**:同“摒”,摒弃,放弃,除去。
3. **蔽**:蒙蔽。
4. **坏**:败坏,损坏。
5. **心志**:心态和思想。

【解读】

不是传述圣贤言行的书籍以及有害身心健康的不良书刊,都应该摒弃不看,以免身心受到污染,智慧遭受蒙蔽,心志变得不健康。

【知识拓展】

康熙皇帝庭训

清朝康熙皇帝对自己要求十分严格。他对大臣们说:“在皇宫内,有很多话听不到,因为很多人不敢讲实话。要想警醒自己,唯一的办法就是读古书,读圣贤经典。以此为鉴,检查自己的作为是否有过失。”

康熙虽然提倡读书,但他在对后代子孙的庭训中却严格交代,20 岁之前,不可读小说,否则很容易沾染权谋智巧。尤其是在涉世不深的情况下,很难明辨是非。

所以,康熙帝对于后世子孙读书有所读有所不读的教育,使得继其之后出现了两代明君,雍正皇帝和乾隆皇帝。他们祖孙三代人的统治达到了清朝时期的最高峰,史称“康乾盛世”,又称“康雍乾盛世”。

wù zì bào　wù zì qì　shèng yǔ xián　kě xùn zhì

勿自暴　勿自弃　圣与贤　可驯致

【注释】

1. 暴:损害,糟蹋。
2. 弃:放弃,舍弃。
3. 驯:意为逐渐,循序渐进。
4. 致:达到。

【解读】

遇到困难或挫折的时候,不能自暴自弃,也不要愤世嫉俗,看什么都不顺眼。应该发愤努力学习,圣贤的高尚精神、思想,通过循序渐进地学习,也是可以达到的。

【知识拓展】

自强不息的张海迪

张海迪,五岁时因患脊髓血管瘤,高位截瘫,因此从未进过学校学习。但她用顽强的毅力自学知识,最终完成了大学专业课程的学习。

张海迪15岁时随父母下放聊城莘县一个贫穷的小村子,面对艰苦的生活,她没有惧怕,而是以乐观向上的精神奉献了自己的青春。

在那里,她给村里小学的孩子们教书,克服种种困难学习医学知识,为乡亲针灸治病。人们对她无私的付出给予了“八十年代新雷锋”和“当代保尔”的赞誉。

1983年,张海迪克服病痛和困难,开始了文学创作之路。至今已出版长篇小说《轮椅上的梦》《绝顶》,散文集《鸿雁快快飞》《向天空敞开的窗口》《生命的追问》。翻译作品《海边诊所》《丽贝卡在新学校》《小米勒旅行记》《莫多克——一头大象的真实故事》等。她的作品在青少年中引起了很强的反响,长篇小说《轮椅上的梦》已在日本和韩国出版。

面对身体的残败和多劫的命运,张海迪没有自暴自弃,而是用她不屈的意志战胜了一个又一个困难,成为了当代年轻人自强不息的典范。

第二部分 《三字经》

《三字经》简介

《三字经》是古代孩童的启蒙教科书，与《百家姓》《千字文》合称“三百千”，是中国古代传统启蒙教育最基本的三大读物。特点是三字一句，朗朗上口，易于记诵。它以“关键词”的形式将中国传统文化中的教育、历史、天文、地理、伦理、道德及民间传说汇聚到一起，涉及劝学、孝悌和为人处世等各个方面。内容平和，含有非常现代的元素。

《三字经》成书于南宋时期，作者为南宋大学者王应麟。他是南宋时期著名的学者、教育家和政治家。他博学多才，对经史子集、天文地理都有过深入的研究。南宋灭亡后，他隐居乡里，著书立说，写下了600多卷传世著作，《三字经》就是其中之一。后来此书风行天下，元、明、清乃至近代不断有人补充，使它日趋完善。

《三字经》重视教育，重视人的道德修养，追求高尚的理想人格。它凝聚了最深厚的中华传统文化，有着很深的教育意义。所以，《三字经》从问世以来一直流传不绝，直至今日仍具有强大的生命力。

教学之道

rén zhī chū　xìng běn shàn　xìng xiāng jìn　xí xiāng yuǎn

人之初　性本善　性相近　习相远

【注释】

1. 初：开始，指人刚生下来的时候。

2. 性：人的本性。

3. 善：善良，这里指刚出生的婴儿平等地对待万物，没有分别。

4. 习：习性，习惯。

【译文】

人刚生下来的时候，本性都是善良的。人的本性虽然相近，差别不大，但是由于所处的环境和所接受的教育不同，造成了后天性情的差异。

【知识拓展】

对于人性的观点儒家三派有所不同：孔子认为“性相近，习相远”，荀子认为“人之初，性本恶”，孟子认为“人之初，性本善”。

周处除“三害”

西晋有一个人，名叫周处，许多人都知道他除三害的故事。周处是江苏宜兴人，从小死了父亲，缺乏家长管教。他力气大，喜欢骑马打猎。可是性情暴躁，动不动就和人争斗，做事都由着自己的性子干，不讲理也不管后果。在村子里为所欲为，从不把别人放在眼里。村里人讨厌他，把他和山上的猛虎、水里的蛟龙合称“三害”。有一天，周处看到一些老人围坐在一起愁眉不展，一边

叹气一边议论着什么。他走过去问:"现在天下太平,又丰收了,你们还有什么不高兴的呢?"其中一个胆子大的老人说:"三害不除,人们哪会快乐呢?"周处忙问:"什么三害?快说给我听。"老人告诉他,一害是南山上的猛虎,二害是长桥下的蛟龙。该说第三害了,老人闭口不语了。周处性急,非让老人说不可。老人就说:"要问这第三害,就是欺压乡邻的恶人,弄得大家不得安生。"周处不知道这第三害是指自己,看见大家看着他,以为是希望他去除三害。就说:"这三害算得了什么?我去除掉它们。"大家都说:"你要是能除掉这三害,这可是大好事,我们一定感谢你。"周处真的除三害去了。他背着弓箭,带着钢刀,迈开大步,爬上南山,用弓箭射死了张牙舞爪的猛虎。他又来到了长桥,纵身跳下了水,去擒拿蛟龙。那蛟龙异常凶猛,周处和它在水中搏斗起来,蛟龙顺水游了几十里,周处紧追不舍,三天三夜没上岸。村里的人见周处一去不回,以为他与蛟龙同归于尽了,大家就互相道贺,庆祝三害已除。可是周处凭自己的智慧和力量杀死了蛟龙,爬上了岸,回到了村里。他一见大家正在庆祝三害已除,这才知道原来自己是三害之一。他难过极了,心想:"一个人被看作和吃人的老虎、害人的蛟龙一样,还有什么意思?"他痛下决心,改过自新。周处去访问了名师,经名师指点,他回到家乡,振作起来,悔思了以前的所作所为,不再专横无理,而是尽心尽力地帮助别人,尊老爱幼,严格要求自己,做一个忠厚老实的人。周处这种勇于改过的行为,得到了乡邻的赞扬和拥护,后来有人推荐他在吴国做了官,西晋灭吴后又出任晋朝的官吏。他为官清正,大家都称赞他是个了不起的清官!

【成语名言】

近朱者赤,近墨者黑
——《太子少傅箴》

居必择邻,交必良友。
——《名贤集》

【课后思考】

周处的故事给我们带来什么启示?

gǒu bú jiào xìng nǎi qiān jiào zhī dào guì yǐ zhuān

苟不教 性乃迁 教之道 贵以专

【注释】

1. 苟:如果。

2. 迁:改变。

3. 道:规律,道理。

【译文】

一个人如果没有受到良好的教育,那么他之前善良的本性就会发生变化。而我们教育一个人的方法和规律,最重要的是要专心致志,持之以恒。

【知识拓展】

唐伯虎学画

明代著名的书画家唐寅(唐伯虎)是了不起的风流才子、大画家,和祝枝山、文征明、徐祯卿并称为“江南四大才子”。唐伯虎从小生活在一个小康之家,自小就有绘画的天赋。在当地小有名气,富豪经常把小唐伯虎请去作画。那时的唐伯虎当然有点沾沾自喜,少年成名,风流倜傥。但是,唐伯虎的母亲是位很了不起的女性,她觉得稍有一点点成就就满足是不行的,必须专心致志,好好去学几年画,把绘画艺术钻研透了。于是,母亲就把这个道理跟唐伯虎讲了,让他去跟沈周学画。沈周那个时候已经是有名的大画家了,就住在离他家不远的地方。母亲给唐伯虎收拾好行李,让他去跟沈周学画。唐伯虎也很高兴,反正离家也不远,就背着妈妈给他准备的行李高高兴兴地去拜沈周为师学艺了。到了沈周那里学了不到两年,唐伯虎发现自己画得很不错了,再看看老师的画,觉得也不见得比自己强到哪里去,所以习画就不太专心,想回家。沈周看出唐伯虎的心思,就通知自己的太太,也就是唐伯虎的师母,准备一桌饭菜,送送唐伯虎。做完了这桌饭菜,就把饭菜送到院子里一个独立的房子里,这间房子唐伯虎从来没去过。

唐伯虎走进房子一看,心想:怎么天底下有这样怪的房子呢?这房子居然有四扇门。他从一扇门进去,另外三面也各有一扇门,而每一扇门外都是不同的风景,这一道门外姹紫嫣红,那一道门外莺歌燕舞,另一道门外流水潺潺。唐伯虎觉得好玩儿,心说:“这师傅可真够坏的啊,原来家里有这么好玩儿的去处也不告诉我。今天满师了,他告诉我了,我先不吃饭了,出去看看。”遂即往东门去想看看那个姹紫嫣红,“咚”一下头撞了一个包;往南门去想看莺歌燕舞的时候,“咚”又撞了一个包;往西门去想看小溪潺潺的时候,“咚”一下又撞了一个包。头上起了三个包。他这才明白,原来三扇门和外面的风景全是沈周在墙上画的画。唐伯虎一下子明白了,原来画无止境,自己这点水平差远了。从那以后,唐伯虎专心致志,又学了好多年,终于学有所成。

【成语名言】

专心致志

持之以恒

蚓无爪牙之利,筋骨之强,上食埃土,下饮黄泉,用心一也。

——荀子《劝学》

一心一意万事成,三心二意失良机。

——刘一鸣

【课后思考】

唐伯虎为什么会成为江南四大才子之一?

xī mèng mǔ　zé lín chǔ　zǐ bù xué　duàn jī zhù

昔孟母　择邻处　子不学　断机杼

【注释】

1. 昔:从前,过去。
2. 择:选择,挑选。
3. 子:孟子。
4. 断:断开,折断。
5. 机杼:织布机上的梭子。

【译文】

从前,为了给孟子创造良好的学习环境,孟子的母亲曾经多次搬家,以便选择好的人家做邻居。当她发现孟子有厌倦读书的苗头,就将织布机上的布剪断,借此教育孟子学习必须坚持不懈,不能半途而废。

【成语名言】

良师益友

与善人居,如入芝兰之室,久而不闻其香,即与之化矣;

与不善人居,如入鲍鱼之肆,久而不闻其臭,亦与之化矣。

——《孔子家语·六本》

【课后思考】

我们应该积极投身什么样的环境?结交什么样的朋友?

dòu yān shān yǒu yì fāng jiào wǔ zǐ míng jù yáng
窦燕山 有义方 教五子 名俱扬

【注释】

1. **窦燕山**:五代时人,本名为窦禹钧,因为他的家住在幽州燕山附近,所以称他为窦燕山。

2. **义方**:合乎道义的教育方式,好方法。

3. **扬**:扬名,出名。

【译文】

五代时候的窦燕山,教育孩子很有方法,在他的教导下,五个孩子都很有成就,扬名天下。

【知识拓展】

五子登科

《宋史·窦仪传》记载:宋代窦禹钧的五个儿子仪、俨、侃、偁和僖相继及第,故称"五子登科"。窦燕山,原名窦禹钧,因他居住在幽州(现在北京),故称窦燕山。窦燕山出身于富庶的商人家庭,家道昌盛。但他最初为人心术不正,做生意专用大斗进,小秤卖,费尽心机坑蒙拐骗,以势压人。平民百姓痛恨他的为富不仁,却没有力量主持公道。窦燕山昧良心、灭天理的行为激怒了上天,他三十岁了还膝下无子。

在一个夜晚,他做梦梦到去世的父亲对他说:"你心术不好,品行不端,恶名已经被天帝知道。以后你命中无子,并且短寿。你要赶快悔过从善,大积阴德,广行方便于劳苦大众,才能挽回天意,改过呈祥。"窦燕山醒来,梦中场景历历在目,于是决定重新做人。

有一天,窦燕山投宿客栈,偶然捡到一袋银子。他为了将银子物归原主,在客栈等了一天,终于等到了失主,将银子完璧归赵。失主感激万分,要以部分银子相赠,他却坚持分文不收。他家乡有不少穷人娶不起媳妇,或是女儿因为没有钱买嫁妆而嫁不出去,窦燕山就把自己的银两送给他们。同时,窦燕山还在家乡

设立学堂,请有学问的老师来教课。把附近因贫穷而不能上学的孩子招来免费上学。

之后的一个晚上,窦燕山又梦见自己的父亲。老人告诉他:“你现在阴功浩大,美名远扬,天帝已经知道了。以后你会有五个儿子,各个能金榜题名,你自己也能活到八九十岁。”当他醒来时,发现这是一个梦。但从此更加修身养性,广做善事,毫不怠慢。

后来,他果然有了五个儿子。由于自己重礼仪、德行好,且教子有方,家庭和睦,窦家终于发达了。他的长子名仪,任礼部尚书;次子名俨,任礼部侍郎,两个人均被任命为翰林院学士。三子名侃,任补阙;四子名偁,任谏议大夫;五子名僖,任起居郎。当五个儿子均已金榜题名时,侍郎冯道赠他一首诗:“窦燕山十郎,教子以义方。零春一株老,仙桂五枝芳。”

【名言成语】

虎父无犬子

爱之不以道,适所以害之也。

——司马光《资治通鉴》

【课后思考】

你觉得窦燕山和他的五个儿子名声能传遍全国,最主要的原因是什么?

yǎng bú jiào　fù zhī guò　jiào bù yán　shī zhī duò

养不教　父之过　教不严　师之惰

【注释】

1. 教:教育。
2. 惰:懒惰,怠惰。

【译文】

只是养活自己的孩子而不教育他们怎样做人,这是父亲的过失。教给孩子知识,却不严格要求,这是老师没有尽到责任,是老师的怠惰。

【知识拓展】

朱元璋教子

明朝的开国皇帝朱元璋出身贫寒,从小就没接受过很好的教育,但他在自己孩子的教育上很花心思,为他的皇子们亲自挑选好的读书伙伴。还发出公告,想召集世上最好的先生来教育他的皇子。其中有一位老师很有名,叫李希颜,教书水平很高,朱元璋亲自写信给他,请他来给皇子们上课。李希颜在管教那些皇子时很严格,并没有因为他们是皇子而对他们有所放松。有时候因为那些皇子太调皮,上课不认真听,李先生还会动手打他们的脑袋,打得皇子们痛得直叫。

有一次,朱元璋非常宠爱的一个小皇子跑到他面前告状,一边说一边摸着自己被打红

的额头，他告诉父皇李老师打他，还把自己的额头打得通红。朱元璋一听自己的小皇子被人打了，当时很生气：谁这么大胆子？竟然敢打皇帝的儿子！于是他怒气冲冲地准备治李希颜的罪。朱元璋的妻子马皇后听说了，就来劝朱元璋。她问小皇子："先生为什么要打你呢？"皇子低着头说："因为我没认真听先生上课。"马皇后说："这就是你的错了。"她转身又对朱元璋说："李先生用非常严格的态度来帮助我们教育孩子，他也是为了江山社稷啊。我们应该感谢他才对，怎么能责怪他呢？"朱元璋听了马皇后的话，这才明白过来，是自己一时冲动了。

最后，朱元璋不仅没有治李希颜的罪，还在李希颜衣锦还乡的时候，赏赐给他红袍，表示对他的感谢和尊敬。

【成语名言】

严师出高徒

春蚕到死丝方尽，蜡炬成灰泪始干。

——李商隐《无题》

【课后思考】

你喜欢对你严格要求的老师还是喜欢让你随心所欲的老师？

zǐ bù xué　fēi suǒ yí　yòu bù xué　lǎo hé wéi

子不学　非所宜　幼不学　老何为

【注释】

1. **子**：孩子。
2. **非所宜**：不应该。
3. **幼**：年幼。
4. **老何为**：年纪大了能有什么作为呢？

【译文】

孩子小的时候不学习是不应该的，如果小的时候不学知识和本领，到了年纪大的时候能有什么作为呢？

【知识拓展】

伤仲永

金溪百姓方仲永，家中世代以耕田为业。仲永长到五岁的时候，不曾认识书写工具，有一天忽然哭着索要它们。他的父亲对此感到诧异，借邻居的书写工具给他，仲永立刻写了四句诗，并且题上自己的名字。这首诗以赡养父母和团结宗族作为内容，被传送给全乡的秀才欣赏。从此，指定物品让他写诗他能立刻完成，诗的文采和道理都有值得称道的地方。

同县的人对此感到非常惊奇,渐渐对他父亲以宾客之礼相待,还有的人用钱求仲永题诗。他的父亲认为这样有利可图,每天带着仲永四处拜访同县的人,不让仲永学习。

王安石听说这件事很久了。明道年间,王安石跟从父母回到家乡,在舅舅家里见到了仲永。他已经十二三岁了,让他作诗,写出来的诗不能与从前的名声相称了。又过了七年,王安石从扬州回来,再次到舅舅家,问起仲永的情况,舅舅回答说:“仲永的才能已经消失,完全如同常人了。”

王安石认为,仲永的通晓、领悟能力是天赋。他的天资,远远超过一般有才能的人。最终成为一个平凡的人,是因为他后天的教育不够。像他那样天生聪明、如此有才智的人,没有受到后天的教育,尚且要成为平凡的人;现在那些天生无异禀,本来就很平凡的人,怎能不接受后天的教育呢?

【成语名言】

白驹过隙

岁月如梭

少壮不努力,老大徒伤悲。

——《长歌行》

莫等闲,白了少年头,空悲切。

——《满江红》

【课后思考】

神童方仲永长大后为什么没有成才?

玉不琢 不成器 人不学 不知义

yù bù zhuó　bù chéng qì　rén bù xué　bù zhī yì

【注释】

1. 琢:打磨,雕琢。

2. 器:器具,用具。

3. 义:道理,意义。

【译文】

玉石如果不经过打磨或雕琢,是不可能成为一件有价值的器皿的;一个人年少时,如果不肯去读书、学习,是不能懂得许多道理的。

【知识拓展】

怕痛的石头

很久以前,某地建起了一座规模很大的寺庙,如来佛派来了一个擅长雕刻的罗汉幻化成一位雕刻师雕刻一尊佛像。雕刻师在两块已经备好的石料中选了一块质地上乘的石头,开始了工作。可是,没想到他刚拿起凿子凿了几下,这块石头就喊起痛来。雕刻师就劝它说:“不经过细细的雕琢,你将永远都是一块不起眼的石头,还是忍一忍吧!”可是,等到雕刻师的凿子一落到石头身上,那块石头依然哀嚎不已:“痛死我了!痛死我了!求求你,饶了我吧!”雕刻师实在忍受不了这块石头的叫嚷,只好停止了工作,重新选了另一块质地远不如它的粗糙的石头来雕琢。虽然这块石头的质地较差,但它因自己能被雕刻师选中而内心感激不已,同时也对自己将被雕成一尊精美的佛像深信不疑。所以,任凭雕刻师的刀琢斧敲,它都以坚忍的毅力默默地承受过来了。不久,一尊肃穆庄严、气魄宏大的佛像赫然立在寺庙里,安享人们的顶礼膜拜。而那块怕痛的石头被人们弄去填坑筑路了。由于它当初承受不了雕琢之苦,现在只得忍受人来车往、车碾脚踩的痛苦,心里总觉得不是滋味。有一次,它对佛祖说:“佛祖啊,你太不公平了!你看那块石头的资质比我差很多,如今却享受着人间的礼赞、尊崇,而我却每天遭受凌辱、践踏,日晒、雨淋,你为什么要这样偏心啊?”佛祖微微一笑说:“那块石头的资质也许并不如你,但是它的荣耀却是来自一刀一锉的雕琢之痛。你既然受不了雕琢之苦,只能最后得到这样的命运。”

【成语名言】

一分耕耘,一分收获。

如切如磋,如琢如磨。

——《诗经》

故天将降大任于是人也,必先苦其心志,劳其筋骨,饿其体肤,空乏其身,行拂乱其所为,所以动心忍性,增益其所不能。

——《孟子·告子下》

【课后思考】

人与人之间的差别形成的原因是什么?

孝悌之义

wéi rén zǐ　fāng shào shí　qīn shī yǒu　xí lǐ yí

为人子　方少时　亲师友　习礼仪

【注释】

1. 方:正当。

2. 亲:亲近。

3. 习:学习。

【译文】

做子女的,要趁年少的时候,多亲近自己的老师,多结交贤良的朋友,向他们多学习一些为人处世的礼仪和规范。

【知识拓展】

魏照求师

东汉时期,有个叫魏照的人很爱学习,当时知名的学者郭泰学识渊博,品德高尚。很多人都慕名投到郭泰门下,跟他学习,魏照也拜郭泰为师。每当郭泰讲完课,学生们就陆续离开学堂,只有魏照与众不同,他总是静静思索老师讲过的内容,一点一点将它们记在脑子里,放学很久了也没有离开学堂。

为了能更好地向郭泰学习各种知识,魏照干脆把自己的铺盖搬到老师家中,和老师生活在一起。稍有闲暇,他就帮助老师打扫庭院。郭泰觉得很奇怪,就问他:"别人放学都回家了,你怎么反而住到我家里来了呢?"

魏照回答说:"现在找到一个能传授知识的老师容易,可是要找到一个能教我为人处世的老师就很难了。况且,学习不是一朝一夕的事,我要每天不停地学习,一点一点地理解才行。我这样整天和您在一起,就能时时刻刻观察和模仿您的言行,学习您接人待物、为人处世的方法,以改进自己的德行。"

听了魏照的一席话,郭泰很受感动。从此,他更加耐心地教导魏照,从易到难,循序渐进。而魏照更加努力地学习,掌握的知识越来越丰富,后来成为了德才兼备的人。

管宁割席

汉朝的时候,管宁和华歆是同窗好友,他们坐在一张席子上读书、学习。一天,两个人都在埋头读书,外面传来锣鼓的响声。管宁不为所动,依然埋头苦读,而华歆却坐不住了,跑到门外去看热闹,回来之后告诉管宁说:"兄弟,我们这个地方来了一个新官,正在游街,你不去看看?"管宁说:"你这个人就是太好那些浮名和虚节,这有什么好看的?依我之见,咱们不是一类人,还是断交吧。"管宁拔出随身带的刀具,把他们同坐的那张席子割成两段,两个人就真的断交了。

【成语名言】

良师益友

虚心使人进步,骄傲使人落后。

【课后思考】

生活中,我们该如何学习?如何交朋友?

xiāng jiǔ líng　néng wēn xí　xiào yú qīn　suǒ dāng zhí

香九龄　能温席　孝于亲　所当执

【注释】

1. **香**:黄香,东汉时期的人,因为孝顺父母而出名。
2. **温**:温暖。
3. **孝于亲**:孝顺父母。
4. **当**:应当。
5. **执**:执行,实施。

【译文】

黄香九岁的时候,就知道在冬天睡觉前先用自己的身体去温暖父亲睡觉的被子,再请父亲去睡觉。这种孝顺父母的事情,是我们应该学习和做到的。

【知识拓展】

王祥行孝

王祥,字休徵,琅琊人,品行端正,非常孝顺。他很早就失去了母亲,继母朱氏不和善,多次说王祥的坏话。因此父亲也不喜爱他了,常常让他打扫牛圈。父母有了病,王祥便和衣睡在旁边。继母曾经想吃鲜鱼,当时天气寒冷,河水冻结成冰,王祥解开衣带,准备破开冰面抓鱼。这时冰层忽然自行化开,跳出一对鲤鱼。王祥拿着它们回了家。继母想吃烤黄雀,就有几十只黄雀钻进他的网帐中。村里人惊奇、感叹,认为这是王祥的孝行导致了以上

的奇事。

趁双亲还在

著名作家海托夫写过这样一段文字：

直到中学毕业，我才意识到父亲为我所做的一切，对他充满感激和惋惜之情。因此，我下定决心，只要拿到我挣来的第一笔钱，我就给他买些苹果。因为他需要这样的营养品，在我家居住的巴尔干山村是买不到苹果的。我今天推到明天，明天推到后天，终于在一个春日，得知了父亲于夜间逝世的噩耗……直到现在，在我父亲逝世二十多年以后，那些未买的苹果依然如鲠在喉。

【成语名言】

百善孝为先

舐犊情深

树欲静而风不止，子欲养而亲不待。

谁言寸草心，报得三春晖。

——孟郊《游子吟》

【课后思考】

作为学生的我们，如何做才算孝顺父母？

róng sì suì néng ràng lí tì yú zhǎng yí xiān zhī

融四岁 能让梨 弟于长 宜先知

【注释】

1. 融：孔融，东汉时期人，著名的文学家。

2. 让：谦让。

3. 弟：通“悌”，敬爱兄长。

4. 宜：应该。

【译文】

孔融四岁的时候，就知道要把大的梨让给自己的哥哥，这种弟弟顺从和尊敬哥哥、兄弟之间要相互友爱的道理应该从小就知道。

【知识拓展】

孔融让梨

东汉时期的鲁国，有个名叫孔融的孩子，十分聪明，也非常懂事。孔融有五个哥哥，一个小弟弟，兄弟七人相处得十分融洽。

有一天，孔融的妈妈买来许多梨，一盘梨放在桌子上，哥哥们让孔融和最小的弟弟先拿。

孔融看了看盘子中的梨，发现梨子有大有小。他不挑好的，不拣大的，只拿了一个最小的梨，津津有味地吃了起来。爸爸看见孔融的行为，心里很高兴，心想："别看这孩子刚刚四岁，却懂得应该把好的东西留给别人的道理呢。"于是他故意问孔融："盘子里这么多的梨，又让你先拿，你为什么不拿大的，只拿一个最小的呢？"

孔融回答说："我年纪小，应该拿最小的，大的应该留给哥哥吃。"爸爸接着问道："你弟弟不是比你还要小吗？照你这么说，他应该拿最小的一个才对呀？"孔融说："我比弟弟大，我是哥哥，我应该把大的留给小弟弟吃。"

爸爸听他这么说，哈哈大笑道："好孩子，好孩子，你真是一个好孩子，以后一定会很有出息。"

【名言成语】

一奶同胞

兄弟如手足

【课后思考】

在现实生活中，是越小的孩子吃的东西越少吗？你怎样看待这个问题？

名物常识

shǒu xiào tì　cì jiàn wén　zhī mǒu shù　shí mǒu wén

首孝弟　次见闻　知某数　识某文

【注释】

1. 首：开始，最先的。
2. 次：其次。
3. 数：数学。
4. 识：认识，了解。

【译文】

一个人首先要学的是如何孝顺父母、友爱兄弟，接下来才开始学习日常生活中的知识。这些知识，包括能明白数字的变化、懂得计算的方法，能认识文字、阅读文章。

【知识拓展】

第五访孝敬兄嫂

古代有个人叫第五访，他很小的时候父母就去世了，生活非常困难。他经常去大地主家当雇工，把辛苦赚来的钱用来侍奉自己的兄嫂。小小年纪的他，就懂得用自己的双手去孝敬兄嫂，这让当地的乡亲们都对他赞赏有加。

第五访十分喜欢读书，每次劳动完，只要有空闲的时间，就拿起书在角落安静地看起来。他长大之后，因为学问出色，考取了官职。刚开始担任郡功曹，没过多久，因为他侍奉兄长的孝行传到了上面官员那里，被推举为孝廉，出任蜀郡新都县令。他当官期间，对待百姓仁爱慷慨，将所辖地区治理得井井有条。人们都被他高尚的德行和勤政爱民的行动所感化，不仅所辖县城的百姓生活安康，连隔壁县城的百姓都争相把家迁到第五访的新都县。三年之后，新都县的百姓数量比他刚上任的时候增加了十倍。

【课后思考】

我们珍惜孝敬父母、爱护兄弟姐妹了吗？

yī ér shí　shí ér bǎi　bǎi ér qiān　qiān ér wàn

一而十　十而百　百而千　千而万

【注释】

1. **一而十**:一到十的基本数字。

2. **十而百**:十个十是一百。

3. **百而千**:十个一百是一千。

4. **千而万**:十个一千是一万。

【译文】

一是数字的开始,一到十是基本数字,接下来,按照十进制的规律,十个十是一百,十个一百是一千,十个一千是一万。

【知识拓展】

中国最早的有记载的教育课程是六艺,即礼、乐、射、御、书、数。

【课后思考】

说说数学在生活和学习中的重要性。

sān cái zhě　tiān dì rén　sān guāng zhě　rì yuè xīng

三才者　天地人　三光者　日月星

【注释】

1. **才**:基本要素。

2. **光**:光芒,光亮,这里指光明的自然来源。

【译文】

三才是指天、地、人,是构成宇宙最基本的物质。三光是指天上三种散发光辉的物体,即太阳、月亮和星星。

【知识拓展】

盘古开天辟地

传说太古时候,天地不分,整个宇宙像个大鸡蛋,里面混沌一团,漆黑一片,分不清上下左右,东南西北。但鸡蛋中孕育着一个伟大的英雄,这就是开天辟地的盘古。盘古在鸡蛋中足足孕育了一万八千年,终于从沉睡中醒来。他睁开眼睛,只觉得黑乎乎的一片,浑身酷热难当,简直透不过气来。他想站起来,但鸡蛋壳紧紧地包着他的身体,连舒展一下手脚也办不到。盘古发起怒来,抓起一把大斧,用力一挥,只听得一声巨响,震耳欲聋,大鸡蛋骤然破裂,其中轻而清的东西向上不断飘升,变成了天;另一些重而浊的东西,渐渐下沉,变成了

大地。

盘古开辟了天地，高兴极了，但他害怕天地重新合拢在一块儿，就用头顶着天，用脚踏住地，显起神通，一日九变。他每天增高一丈，天也随之升高一丈，地也随之增厚一丈。这样过了一万八千年。盘古这时已经成为一个顶天立地的巨人，身子足足有九万里长。就这样不知道又经历了多少万年，终于天稳地固，不会重新复合了，这时盘古才放下心来。但这位开天辟地的英雄已经筋疲力尽，再也没有力气支撑自己，他巨大的身躯轰然倒地了。

盘古临死时，全身发生了巨大的变化。他的左眼变成了鲜红的太阳，右眼变成了银色的月亮，呼出的最后一口气变成了风和云，最后发出的声音变成了雷鸣，他的头发和胡须变成了闪烁的星辰，头和手足变成了大地的四极和高山，血液变成了江河湖泊，筋脉化成了道路，肌肉化成了肥沃的土地，皮肤和汗毛化作花草树木，牙齿和骨头化作金银铜铁和玉石宝藏，他的汗变成了雨水和甘露，从此开始有了世界。

草船借箭

周瑜提出让诸葛亮在十日之内赶制十万支箭的要求，诸葛亮却出人意料地说："曹操大军即日将至，若候十日，必误大事。"他表示："只需三天的时间，就可以办完复命。"周瑜一听大喜，当即与诸葛亮立下了军令状。在周瑜看来，诸葛亮无论如何也不可能在三天之内造出十万支箭，因此，诸葛亮必死无疑。

诸葛亮告辞以后，周瑜就让鲁肃到诸葛亮处查看动静，打探虚实。诸葛亮一见鲁肃就说："三日之内如何能造出十万支箭？还望子敬救我！"忠厚善良的鲁肃回答说："你自取其祸，叫我如何救你？"诸葛亮说："只望你借给我二十只船，每船配置三十名军士，船只全用青布为幔，另束草把千余个，分别竖在船的两舷。这一切，我自有妙用，到第三日包管会有十万支箭。但有一条，你千万不能让周瑜知道。如果他知道了，必定从中作梗，我的计划就很难实现了。"鲁肃虽然答应了诸葛亮的请求，但并不明白诸葛亮的意思。他见到周瑜后，不谈借船之事，只说诸葛亮并没有准备造箭用的竹、翎毛和胶漆等物品。周瑜听罢也疑惑不解。

诸葛亮向鲁肃借得船只和兵卒以后，按计划准备停当。第一天，不见诸葛亮有什么动静。第二天，仍然不见诸葛亮有什么动静。直到第三天夜里四更时分，他才秘密地将鲁肃

请到船上，并告诉鲁肃要去取箭。鲁肃不解地问：“到何处去取？”诸葛亮回答道：“子敬不用问，前去便知。”鲁肃被弄得莫名其妙，但却陪伴着诸葛亮，因为他要去看个究竟。

凌晨，浩浩江面雾气霏霏。诸葛亮命士兵用长索将二十只船连在一起，起锚向北岸曹军大营进发。时至五更，船队已接近曹操的水寨。这时，诸葛亮又命士卒将船只头西尾东一字摆开，横于曹军寨前。然后，他又命令士卒擂鼓呐喊，故意制造一种击鼓进兵的声势。鲁肃见状，大惊失色，诸葛亮却坦然地告诉他说：“我料定，在这浓雾低垂的夜里，曹操不敢贸然出战。你我尽可放心地饮酒取乐，等到大雾散尽，我们便回。”

曹操闻报后，果然担心重雾迷江，遭到埋伏，不肯轻易出战。他急调旱寨的弓弩手六千多人赶到江边，会同水军射手，共约一万多人，一齐向江中乱射，企图以此阻止击鼓叫阵的“孙刘联军”。一时间，箭如飞蝗，纷纷射在江心船上的草靶和布幔之上。过些时间，诸葛亮又命令船队头东尾西，靠近水寨，并嘱加劲擂鼓呐喊。等到日出雾散，船上草把排满密密麻麻的箭。此时，诸葛亮才下令船队返回。还命令士卒齐声大喊：“谢曹丞相赠箭！”当曹操得知时，诸葛亮取箭船队因顺风顺水，已经离去二十余里，曹军追之不及，懊悔不已。船队返营后，共得箭十几万支，为时不过三天。鲁肃目睹其事，称诸葛亮为“神人”。诸葛亮对鲁肃讲，自己不仅通天文、识地理，而且知奇门、晓阴阳，更擅长行军作战中的布阵和兵势，在三天之前已料定必有大雾可以利用。他最后说：“我的性命系之于天，周公瑾岂能害我！”当周瑜得知这一切以后自叹不如。

【成语名言】

人定胜天

天时不如地利，地利不如人和。

——《孟子》

【课后思考】

如何处理好天、地和人之间的关系？

sān gāng zhě　jūn chén yì　fù zǐ qīn　fū fù shùn

三纲者　君臣义　父子亲　夫妇顺

【注释】

1. **纲**：纲领，准则。

2. **义**：合宜的行为或道理。

【译文】

三纲是中国古代人与人之间三种最重要的伦常关系：君王与臣子的言行要合乎义理，各尽职责；父母与子女之间要相亲相爱，父慈子孝；丈夫与妻子之间要和顺相处，互相尊重。

【知识拓展】

三顾茅庐

汉末,黄巾事起,天下大乱,曹操把持朝政,孙权拥兵东吴,汉室宗亲豫州牧刘备听徐庶和司马徽说诸葛亮很有学识,又有才能,就和关羽、张飞带着礼物到南阳去请诸葛亮出山辅佐他。恰巧诸葛亮这天出去了,刘备只得失望地回去。不久后,刘备又和关羽、张飞冒着大风雪第二次去请。不料诸葛亮又出外闲游去了。张飞本不愿意再来,见诸葛亮不在家,就催着要回去。刘备只好留下一封信,表达自己对诸葛亮的敬佩和请他出来帮助自己挽救国家危局的意愿。过了一段时间,刘备吃了三天素之后,准备再去请诸葛亮。关羽说诸葛亮也许是徒有虚名,未必有真才实学,不用去了。张飞却主张由他一个人去叫,如他不来,就用绳子把他捆来。刘备把张飞责备了一顿,又和他俩第三次去请诸葛亮。当他们到诸葛亮家前,已经是中午,诸葛亮正在睡觉。刘备不敢惊动他,一直站到诸葛亮醒来,才彼此坐下谈话。

诸葛亮见到刘备有志替国家做事,而且诚恳地请他帮助,就出来全力帮助刘备建立蜀汉。《三国演义》里把刘备三次亲自请诸葛亮的事情叫作"三顾茅庐"。

【成语名言】

举案齐眉

君君,臣臣,父父,子子。

——孔子

君为臣纲,父为子纲,夫为妻纲。

——董仲舒

【课后思考】

在日常生活中我们应如何处理好人与人之间的关系?

yuē chūn xià　yuē qiū dōng　cǐ sì shí　yùn bù qióng

曰春夏　曰秋冬　此四时　运不穷

【注释】

1. 曰:称为,叫作。

2. **运**:运行,转动。

【译文】

一年有春、夏、秋、冬四个季节,四季各有特色,春耕、夏耘、秋收、冬藏,并不断地变化,春去夏来,秋去冬来,循环不已,永不停止。

【知识拓展】

东北农民流行节气的顺口溜

打春阳气转,雨水沿河边。惊蛰乌鸦叫,春分地皮干。
清明忙种麦,谷雨种大田。立夏鹅毛住,小满鸟来全。
芒种开了铲,夏至不拿棉。小暑不算热,大暑三伏天。
立秋忙打甸,处暑动刀镰。白露烟上架,秋分不生田。
寒露不算冷,霜降变了天。立冬交十月,小雪地封严。
大雪江扠上,冬至不行船。小寒近腊月,大寒整一年。

【课后思考】

春种、夏耘、秋收、冬藏与我们的成长经历有哪些相似之处?

【成语名言】

循环往复　春去秋来

一年之计在于春,一日之计在于晨。

——《增广贤文》

yuē nán běi　yuē xī dōng　cǐ sì fāng　yìng hū zhōng

曰南北　曰西东　此四方　应乎中

【注释】

1. **方**:方位,方向。

2. **应乎中**:指南、北、西、东四个方位以中央为基准,相互对应。

【译文】

东、南、西、北叫作四方,是指各个方向的位置。这四个方向,都以中央为准,相互对应。

【知识拓展】

背道而驰

战国时代,魏国的臣子季梁,奉命出使外国,可是他在路途中听到魏王准备要攻打赵国邯郸的消息,就赶紧回国去劝魏王。

匆忙回国的季梁对魏王说:“我在太行山下,看到一个驾着车子的人,他赶着马车想要去北边,说他准备到楚国去。”魏王说:“楚国应该是向南走的,为什么他要往北走呢?”

季梁回答说:“我也这么跟他说的啊!可是,他认为他的马是匹好马,速度非常快,加上他也带了足够的钱。而且车夫经验丰富,所以他觉得没有什么好担心的。因此,他不听我的劝告,就继续往北走了。”魏王听了之后,哈哈大笑说:“这个人是个疯子。虽然他有很多好的条件,但是他却往反方向走,怎么可能到达日的地呢?”

接着季梁就告诉魏王说:“大王说的话一点也没错。但是,像大王现在这样一直攻打附近的国家,这种举动也会让大王离称霸的日标越来越远,这不也是和那个往反方向走的人一样吗?”

【名言成语】

南辕北辙

生活没有目标,犹如航海没有罗盘。

——罗斯金

【课后思考】

今人和古人都是如何辨别方向的?

yuē shuǐ huǒ　mù jīn tǔ　cǐ wǔ xíng　běn hū shù

曰水火　木金土　此五行　本乎数

【注释】

1. **五行**:中国古人对万物的基本分类。

2. **本**:根本。

【译文】

五行是指水、火、木、金、土。它们是构成宇宙中各种事物的基础,它们之间相生、相克的关系是由自然之理决定的。

【知识拓展】

阴阳五行相生的关系

木生火,是因为木性温暖,火隐伏其中,钻木而生火,所以木生火。

火生土，是因为火能够焚烧木，木被焚烧后就变成灰烬，灰即土，所以火生土。

土生金，因为金需要隐藏在石里，依附着山，聚土成山，有山必生石，所以土生金。

金生水，金靠水生，销锻金也可变为水，所以金生水。

水生木，因为水温润而使树木生长出来，所以水生木。

【成语名言】

挥金如土

草木皆兵

【课后思考】

现在的我们应该怎样看待古人的五行说？

yuē rén yì lǐ zhì xìn cǐ wǔ cháng bù róng wěn

曰仁义 礼智信 此五常 不容紊

【注释】

1. 仁：仁爱，对人亲善。
2. 义：公正合宜。
3. 礼：尊敬、谦和的态度。
4. 智：明辨是非的能力。
5. 信：诚实不欺的态度。
6. 紊：乱。

【译文】

仁义礼智信这五种为人处世的准则被称为“五常”，这五种准则每个人都应遵守，一点也不容许紊乱。

【知识拓展】

巨伯请代

汉朝时，有个读书人叫荀巨伯。因他的朋友生了一场大病，他去探望。很不巧，刚好有一批强盗到他朋友居住的地方抢夺财物，村庄的人都跑掉了。他的朋友就劝荀巨伯：“这里太危险了，你赶快走！”荀巨伯不愿意走。他说：“我是来探望你、照顾你的，我不可能舍你而去，这样的事我做不出来。”荀巨伯走到屋外，跟那些强盗说：“我的朋友已经病得很严重了，你们不

要伤害他,你们要伤害就对我来好了。"

因为他很真诚,讲道义,不畏生死,结果连强盗都为之感动。强盗的头目就对他的同伙说:"我们皆是无义之人,怎么可以来抢夺这个有义的地方?"强盗头目感受到荀巨伯的道义,一声令下,强盗全部撤走了。荀巨伯的至诚心、道义心化解了一场灾祸。假如荀巨伯那天没有照顾他的朋友,自己走了,会有什么结果?当然是强盗肆虐,而他自己也会终身良心不安。

张良拜师

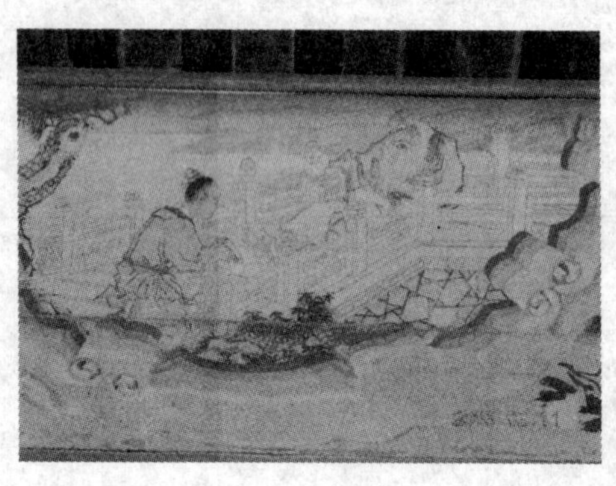

张良是汉朝的开国功臣,在他年轻时,曾经计划要刺杀暴君秦始皇,可是失败了。为了躲避官府通缉,他隐姓埋名潜藏在下邳。

有一天,张良闲游到一座桥上,遇见一位穿褐衣的老翁。那老翁见张良走近,便故意将鞋掉落桥下,让张良下桥去捡,张良很不高兴。等张良把鞋捡上来交给老翁时,老翁又让他帮着把鞋穿上。于是,张良跪着帮老翁穿上了鞋。老翁没客气,笑眯眯地离开了。临走时留下了一句话:"孺子可教矣!"让张良五天后黎明时分在这里等他。张良有些莫名其妙,但还是遵照老翁的指示,五天后天刚亮,就来到桥上。不料老翁早已在那里了,见了张良便怒斥道:"跟老人约会迟到,岂有此理?过五天再早些见我。"说完就离去了。又过了五天,鸡刚打鸣,张良便匆匆地赶到了桥上,可是不知怎么的,他还是比老翁来得晚。老翁这回更不高兴了,只是重复了一遍上回说的,便拂袖而去。这下张良可有点急了,又过了五天,他索性觉也不睡了,在午夜之前便来到桥上等着。一会儿老翁来了,见着他便点头称赞,并从袖中拿出一本书,很神秘地说:"你读了这本王者之书,就可以做帝王的先生了。十年之后,兵事将起。再过十三年,你到济北,就可以与我重逢,谷城山下的那块黄石,便是我的化身。"说完飘扬而去。等天一亮,张良打开书一看,原来是《太公望兵法书》。

张良高兴极了,认真研读黄石老翁授予的那部兵法书,真的当上了汉高祖刘邦的高级参谋。

【成语名言】

诚实守信

争者不足,让者有余。

人无礼则不生,事无礼则不成,国家无礼则不宁。

——《荀子》

【课后思考】

我们该如何把仁义礼智信落实于生活中呢?

dào liáng shū　mài shǔ jì　cǐ liù gǔ　rén suǒ shí

稻粱菽　麦黍稷　此六谷　人所食

【注释】

1. 稻:稻子。
2. 粱:高粱。
3. 菽:豆类。
4. 麦:麦子。
5. 黍:黄米。
6. 稷:小米。

【译文】

稻子、高粱、大豆、麦子、黄米和小米,这六种谷物是供人类食用的主要粮食。

【知识拓展】

稻子的由来

远古时代,大地上还没种庄稼,人们靠打猎、捕鱼维持生活。一年发洪水,整个大地被淹,水涨齐南天门,一只黄狗被洪水冲到南天门边。恰好这时玉帝派天兵查看下界洪水情况,打开南天门,黄狗顺势钻了进去。黄狗在天宫见到许多地上没有的东西,尤其是天庭神灵吃的稻谷,它很羡慕,于是钻到谷堆中滚了一身,准备把稻谷带回地上。于是它来到南天门,洪水渐渐退了,连忙窜入水中,随水下降。

当黄狗回到地上,找它主人时,才发现哪里还有人啊!一片烂泥模糊的山野,死寂无声。突然它发现高山上有两个人,它来到他们面前,轻摇着尾巴。两个人发现了它尾巴上沾着地上没见过的奇异东西,取下两颗细看,又放进嘴里嚼,觉得很好吃。于是他俩捡下所有的颗粒。这时黄狗身上的稻子已被水洗去,只剩尾巴上这一小撮了。

原来这两个人就是伏羲和女娲兄妹,他俩因爬到高山上一棵最高大的树上才逃过了洪水这一劫。这时地上只有他们兄妹两人了。他们把稻谷种在地上,当年丰收,次年再种,越收越多。从那以后，每年稻谷成熟时，人们煮新米饭“尝新”，先要给狗倒一碗，让它先吃，因为稻子是狗带来的。天上的稻子满身都结籽儿，狗把稻谷带到地上，身上的稻子被水洗去了，只带回尾巴上的一小撮，所以现在稻穗就像狗尾了。

【成语名言】

五谷丰登

五谷杂粮

四体不勤，五谷不分，孰为夫子？

——《论语》

【课后思考】

在中国民间，人们常说五谷杂粮、五谷丰登，为什么这里要说六谷呢？

mǎ niú yáng　jī quǎn shǐ　cǐ liù chù　rén suǒ sì

马牛羊　鸡犬豕　此六畜　人所饲

【注释】

1. 豕：猪。

2. 畜：人饲养的家畜。

3. 饲：喂养，饲养。

【译文】

马、牛、羊、鸡、狗和猪，这六种动物是人们所饲养的家畜。

【知识拓展】

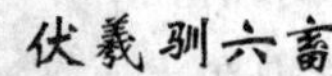

伏羲驯六畜

伏羲氏做部落首领的时候，人们以狩猎为生。如果遇到恶劣天气捕不到野兽，人们就会挨饿。于是，伏羲氏就想了一个办法：天气好时，多捕一些野兽，吃不完的就养起来。后来经过挑选，选定了一些动物来饲养，这就是六畜。它们除了供人们食用外，还有多种用途，比如马能拉车，牛能耕田，羊能提供皮裘，鸡能报晓，狗能看家，猪能供肉。它们既是人类重要的副食品，又是人类的好朋友。

【成语名言】

六畜兴旺

【课后思考】

六畜在生活中有什么作用?

yuē xǐ nù　yuē āi jù　ài wù yù　qī qíng jù
曰喜怒　曰哀惧　爱恶欲　七情具

【注释】

七情:指喜、怒、哀、惧、爱、恶和欲七种情绪。

【译文】

高兴、生气、悲伤、害怕、喜欢、讨厌和欲望,是每个人天生的七种感情。

【知识拓展】

三气周瑜

《三国演义》第五十一回:曹仁大战东吴兵,孔明一气周公瑾。周瑜和诸葛亮约定,如果周瑜夺取南郡失败,刘备再去取。周瑜第一次夺取失利受伤,然后又将计就计,打败了曹兵,但是诸葛亮却乘机夺取了南郡等地,既没有违约,又夺取了地盘。

《三国演义》第五十五回:玄德智激孙夫人,孔明二气周公瑾。刘备的夫人死后,孙权按照周瑜的计策假装把自己的妹妹孙尚香许配给刘备,想把刘备骗到东吴,再将其杀害。谁知吴国太(孙权的母亲)看中了刘备,不仅不许孙权杀他,还真要把孙尚香许配给他。周瑜便想将刘备长期与诸葛亮、关羽、张飞等人隔开,并且用声色迷惑刘备,使之丧失得天下的雄心,但是失败了。诸葛亮又使计让刘备安然回到了荆州,并且让周瑜中了埋伏,还让士兵讥讽周瑜“周郎妙计安天下,赔了夫人又折兵”。让周瑜气得吐血。这就是“赔了夫人又折兵”这句俗语的由来。

《三国演义》第五十六回:曹操大宴铜雀台,孔明三气周公瑾。刘备向东吴借取荆襄九郡,图谋发展壮大自己。然而东吴怕养虎为患,等刘备强大后势必对自己构成威胁,三番五次要求其归还荆州。刘备和诸葛亮就承诺攻取西川后,必还荆州,但迟迟不攻取。此举令周瑜气急败坏,遂想出了过道荆州帮助刘备攻取西川,因为欲攻取西川必须途经荆襄,周瑜实则是为了攻取荆州,此计被诸葛亮识破,使得周瑜被围,周瑜气急又加之旧伤复发,不治身亡。

【名言成语】

七情六欲

忍一时,风平浪静;退一步,海阔天空。

——《增广贤文》

【思考课后】

在生活中,我们应如何掌控自己的七情六欲?

páo tǔ gé　mù shí jīn　sī yǔ zhú　nǎi bā yīn

匏土革　木石金　丝与竹　乃八音

【注释】

1. **匏**:匏瓜,形状像葫芦。用匏瓜制作的乐器如笙和竽。

2. **土**:陶土,用来制作粗糙瓷器的土,用陶土制作的乐器是埙。

3. **革**:皮革,用皮革制作的乐器是鼓。

4. **木**:木头,用木头制作的乐器为敔。

5. **石**:石玉,用石制作的乐器为磬。

6. **金**:金属,用金属制作的乐器为镈。

7. **丝**:丝弦,用丝弦制作的乐器为琵琶、琴瑟等。

8. **竹**:竹子,用竹子制作的乐器如箫等。

【译文】

匏瓜、陶土、皮革、木头、石玉、金属、丝弦和竹子,这八种材料制成的乐器称"八音"。

【知识拓展】

高山流水遇知音

一夜,俞伯牙乘船游览,面对清风明月,他思绪万千,弹起琴来。琴声悠扬,忽然他感觉到有人在听他的琴声。伯牙见一樵夫站在岸边,即请樵夫上船,伯牙弹起赞美高山的曲调,樵夫道:"雄伟而庄重,好像高耸入云的山一样!"当他弹奏表现奔腾澎湃的波涛时,樵夫又说:"宽广浩荡,好像看见滚滚的流水,无边的大海一般!"伯牙激动地说:"知音!"这樵夫就是钟子期。后来子期早亡,伯牙悉知后,在子期的坟前弹奏平生最后一支曲子,然后尽断琴弦,终不弹琴。

伯牙、子期的故事千古流传，高山流水的美妙乐曲至今还萦绕在人们的心底和耳边，而那种知音难觅、知己难寻的故事却世世代代上演着。

世上如伯牙与子期这样的知音实在太少了，孟浩然曾叹曰，“欲取鸣琴弹，恨无知音赏。”岳飞无眠之夜也道：“欲将心事付瑶琴，知音少，弦断有谁听？”苏轼自比孤鸿，写下了“拣尽寒枝不肯栖，寂寞沙洲冷”的句子。贾岛却是“两句三年得，一吟双泪流。知音如不赏，归卧故山秋”。

知音难觅，知己难寻。“人生得一知己足矣！”成了人们永远的思求。

【成语名言】

高山流水

余音缭绕

荡气回肠

音乐应当使人类的精神爆发出火花。

——贝多芬

音乐，是人生最大的快乐；音乐，是生活中的一股清泉；音乐，是陶冶性情的熔炉。

——冼星海

【课后思考】

你喜欢哪种乐器？喜欢哪些音乐？谈谈听音乐的体会。

gāo zēng zǔ　fù ér shēn　shēn ér zǐ　zǐ ér sūn

高曾祖　父而身　身而子　子而孙

zì zǐ sūn　zhì xuán zēng　nǎi jiǔ zú　rén zhī lún

自子孙　至玄曾　乃九族　人之伦

【注释】

1. **高**：高祖，祖父的祖父。
2. **父**：父亲。
3. **自**：从。
4. **至**：到。
5. **九族**：九代人。
6. **人之伦**：人与人之间的伦常关系。

【译文】

从高祖、曾祖、祖父、父亲、自己、儿子、孙子、曾孙到玄孙，就是古人所说的九族。九族是人类长幼尊卑的秩序和家族血统承续的伦常关系。

【成语名言】

株连九族

株连十族

株连三族

【课后思考】

古人经常说“慎终追远”,你能在父母的帮助下,编写自己的家谱吗?

fù zǐ ēn　fū fù cóng　xiōng zé yǒu　dì zé gōng

父子恩　夫妇从　兄则友　弟则恭

zhǎng yòu xù　yǒu yǔ péng　jūn zé jìng　chén zé zhōng　cǐ shí yì　rén suǒ tóng

长幼序　友与朋　君则敬　臣则忠　此十义　人所同

【注释】

1. **恩**:恩情。

2. **从**:顺从。

3. **则**:应该,必须。

4. **恭**:恭敬。

5. **长幼序**:指年长者和年幼者之间要有尊卑秩序。

6. **友与朋**:这里泛指朋友。

7. **敬**:尊敬,尊重。

8. **忠**:忠心,忠诚。

9. **义**:义理,应当遵守的道德伦理关系和行为准则。

【译文】

父子之间要有恩情,父对子要慈爱,子对父要孝顺。夫妻之间应该相互顺从、彼此尊重。至于兄弟姊妹之间,当兄、姐的应该友爱弟、妹,做弟弟、妹妹的应该恭敬地对待哥哥、姐姐。长辈、晚辈之间要有伦理次序,朋友相处也要诚实互信,真心地交往。君王对臣子要尊重,臣子对君王要忠心不二。这十条义理,每一个人都要遵守、奉行。

【知识拓展】

好朋友集体剃光头支持癌症朋友化疗

一群女性为了支持一位患乳腺癌的朋友,集体剃光头给她加油、打气。

肺癌父亲放弃治疗 省钱为儿子治重病

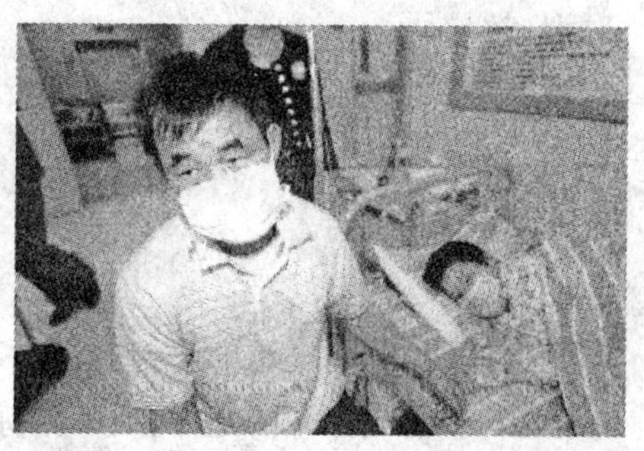

住在巫山偏远山区官渡镇大塘村的一家人，49岁的父亲何厚兴肺癌晚期，刚开始治疗时，12岁的儿子被确诊为再生障碍性贫血，随时有生命危险。因家庭贫困，父亲放弃治疗自己，全力救儿子。何厚兴表示他只有用这种方式再爱儿子一次，他说："儿子才12岁，人生才刚刚开始呀。"

【课后思考】

父慈子孝

夫唱妇随

君之视臣如手足，则臣视君如腹心；君之视臣如犬马，则臣视君如国人；君之视臣如土芥，则臣视君如寇仇。

——《孟子》

吾日三省吾身：为人谋而不忠乎？与朋友交而不信乎？传不习乎？

——《论语》

【课后思考】

长幼之间、朋友之间该如何相处？

学习典籍

fán xùn méng　　xū jiǎng jiū　　xiáng xùn gǔ　　míng jù dòu

凡训蒙　须讲究　详训诂　明句读

【注释】

1. **凡**:凡是。
2. **训**:教导。
3. **蒙**:蒙童。
4. **须**:必须。
5. **详**:详细地说明。
6. **明**:明白、清楚。
7. **句**:句子和分句末尾的停顿处。
8. **读**:句中语气停顿的地方,后来指标点符号。

【译文】

凡是对年幼的孩子进行启蒙教育,都必须讲解得清楚明白。要详细地解释文中字词的意思,并且还要让孩子知道在文章中如何断句和停顿。

【知识拓展】

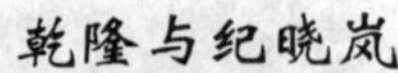

一次,乾隆皇帝让纪晓岚给自己的扇面题诗。纪晓岚立即写了王之涣的《凉州词》。可能由于自负,纪晓岚刷刷几笔写完,中间却漏写了个"间"字,结果被乾隆皇帝发现了。乾隆皇帝大怒,本要问罪。纪晓岚诡辩说:"启禀陛下,臣题的诗是这样念的。"接着便念道:"黄河远上,白云一片,孤城万仞

山。羌笛何须怨，杨柳春风，不度玉门关。”乾隆一听，转怒为喜，大为赞叹。

丑女招婿

从前，有一对夫妻生了个丑女，脸皮黑，还有许多麻子，头是秃的，一双大脚，没法嫁出去。夫妻俩想来想去，终于有了好主意，于是写了招婿书：麻子无头发黑脸大脚不大好看。

因为没有标点符号，有一个求婚的人误认为是：麻子无，头发黑，脸大脚不大，好看。他心想：脸大点，没啥，就同意了这门亲事。哪知，结婚那天，一看新娘，求婚者便傻了，当即就要悔婚。老夫妻说：“这招婿书上，明明白白告诉你了，麻子，无头发，黑脸，大脚，不大好看。我们又没有隐瞒、欺骗，是你自己同意的，怎么能怪我们骗你呢？”求婚者见生米已成熟饭，自认倒霉。

【课后思考】

你在生活中有没有经历过因为说话停顿方式的不同而造成误会的事呢？

wéi xué zhě　bì yǒu chū　xiǎo xué zhōng　zhì sì shū

为学者　必有初　小学终　至四书

【注释】

1. **为学者**：读书、做学问的人。

2. **必**：一定，必然。

3.《**小学**》：古代儿童启蒙读本，主要讲一些基础的文化知识和基本的生活礼节。

4. **四书**：指《论语》《孟子》《大学》《中庸》四部儒家经典。

【译文】

每一个做学问的人，一定要打好基础。把《小学》里的知识学好了，才能开始研读《论语》《孟子》《大学》《中庸》这四部儒家经典。

朱熹（1130–1200年）中国南宋著名理学家，思想家。字元晦，后改仲晦，号晦庵，别号紫阳，祖籍徽州婺源（今属江西），汉族。

【知识拓展】

朱熹写“桃”字

在一个桃花盛开的季节，朱熹的父亲要求他抄写唐诗《赠汪伦》，其中有“桃花潭水深千尺，不及汪伦送我情”两句。当时朱熹很小，也很调皮，心不在焉，寻思着：“桃花盛开，我还在这里写桃花干什么，还不如出去看看桃花呢！”

心里一急,就把桃花的“桃”写成了“挑”字。写完后请父亲检查。

父亲发现了错字,没有直说。而是十分严肃地告诉他:“心正则字正,心不正则字不正。”

朱熹非常羞愧,赶紧把“桃”字重新抄写了一千遍。此时雷声大作,风雨交加,把满院的桃花都打落在地,而朱熹专心致志地写字,丝毫没有察觉到外面的大风、大雨。这是一个非常有名的朱熹写“桃”字的故事,可见古人对写字有多么重视,这是值得我们现代人学习的。

【课后思考】

你觉得写字很重要吗?

论语者 二十篇 群弟子 记善言

lún yǔ zhě　èr shí piān　qún dì zǐ　jì shàn yán

【注释】

1.《论语》:儒家经典著作之一,由孔子的弟子及其再传弟子编撰而成,记录了孔子及其弟子的言行。

2. **群**:众多。

3. **弟子**:这里指孔子的学生。

4. **记**:记录。

5. **善言**:好的、精彩的言论。

【译文】

儒家经典《论语》一共有二十篇,是孔子的弟子们记录孔子重要思想和言行的一部著作。

【知识拓展】

《论语》八则

(1)学而时习之,不亦说乎?有朋自远方来,不亦乐乎?人不知而不愠,不亦君子乎?

(2)巧言令色,鲜矣仁!

(3)吾日三省吾身:为人谋而不忠乎?与朋友交而不信乎?传不习乎?

(4)不患人之不己知,患不知人也。

(5)吾十有五而志于学,三十而立,四十而不惑,五十而知天命,六十而耳顺,七十而从心所欲,不逾矩。

(6)温故而知新,可以为师矣。

(7)学而不思则罔,思而不学则殆。

(8)知之为知之,不知为不知,是知也。

【课后思考】

就《论语》中的某一句话写一点感悟或思考。

mèng zǐ zhě　qī piān zhǐ　jiǎng dào dé　shuō rén yì

孟子者　七篇止　讲道德　说仁义

【注释】

1.《孟子》:儒家经典著作之一,由孟子及其门人编著。

2. 止:结束。

【译文】

儒家的另一部经典《孟子》,一共有七篇,这本书主要讲的是道德修养和仁义思想。

【知识拓展】

《孟子》八则

(1)故天降大任于是人也,必先苦其心志,劳其筋骨,饿其体肤,空乏其身,行拂乱其所为,所以动心忍性,增益其所不能。

(2)富贵不能淫,贫贱不能移,威武不能屈,此之谓大丈夫。

(3)生,亦我所欲也;义,亦我所欲也。二者不可得兼,舍生而取义者也。

(4)然后知生于忧患而死于安乐也。

(5)得道者多助,失道者寡助。

(6)穷则独善其身,达则兼济天下。

(7)天时不如地利,地利不如人和。

(8)老吾老,以及人之老;幼吾幼,以及人之幼。

【课后思考】

了解孔子和孟子，并向同学们介绍他们。

zuò zhōng yōng　zǐ sī bǐ　zhōng bù piān　yōng bú yì

作中庸　子思笔　中不偏　庸不易

【注释】

1. **作**：写作。
2. **子思**：原名孔伋，字子思。
3. **偏**：不正，偏向。
4. **易**：改变。

【译文】

儒家经典《中庸》的作者是子思，这本书主要讲中庸之道。“中”是指不偏不倚，“庸”是平常、没有变化的意思。

【知识拓展】

学习方式

博学之，审问之，慎思之，明辨之，笃行之。

“博学”为第一阶段，首先要广泛地汲取，培养充沛而旺盛的好奇心。

“审问”为第二阶段，有所不明就要追问到底，要对所学加以质疑。

“慎思”为第三阶段，问过以后还要通过自己的思想活动来仔细考察、分析，否则所学不

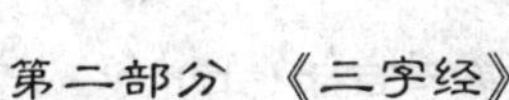

能为自己所用。

“明辨”为第四阶段，学是越辨越明的，不辨，则所谓“博学”就会鱼龙混杂，真伪难辨，良莠不分。

“笃行”是为学的最后阶段，就是指既然学有所得，就要努力践行所学，使所学最终有所落实，做到知行合一。

为人之理

五达道——君臣也，父子也，夫妇也，兄弟也，朋友之交也。

处理这五方面关系的准则是“君惠臣忠”“父慈子孝”“夫义妇顺”“兄友弟恭”“朋友有信”。

三达德——智、仁、勇。

而要做好三方面，达到中庸的境界，就要“诚”。教育的目的就是要人们努力进行主观心性的养成，以达到“至诚”的境界。

【课后思考】

你认为在我们的生活中，怎样做才符合中庸之道？

zuò dà xué　nǎi zēng zǐ　zì xiū qí　zhì píng zhì
作大学　乃曾子　自修齐　至平治

【注释】

1. 曾子：孔子的弟子。
2. 自：从。
3. 修齐：修身和齐家。

4. 平治：治国、平天下。

【译文】

另一部儒家经典《大学》的作者是曾子。他从修身养性开始说起，一直讲到治理天下。

【知识拓展】

三条纲领

明明德、亲民和止于至善。

八个条目

格物、致知、诚意、正心、修身、齐家、治国和平天下。

曾子教子

曾子是一个诚实守信的人。他牢记老师孔子的话:讲话一定要算数,要说到做到;办事一定要坚决果断,不能犹豫不决。日复一日,年复一年,曾子一直这样严格要求自己。曾子当了父亲以后,也常用孔子的话来教育自己的孩子,希望他们也能成为品德高尚的人。有一回,曾子的妻子打算到集市上买东西,6岁的小儿子曾申吵着要跟母亲一起去。曾夫人对儿子说:“今天娘要买的东西太多,带你去不方便,下次再带你去。”

曾申还是哭闹,曾夫人就说:“别吵了,好孩子,下次娘一定带你去,你乖乖在家,等娘回来给你烧肉吃。”一听有肉吃,曾申来了精神,跳起来说:“娘,昨天隔壁李家杀猪,他们吃得好开心啊!我们也杀猪烧肉吃好吗?”曾夫人挣开曾申的手,随口说:“好,都依你!回头你爹回来,叫他杀吧!”曾夫人走后,曾子从外面回来,进门一看,见小儿子曾申正在摆弄一把刀,连忙上前夺下刀,说:“小孩子怎么玩起刀来了?”曾申兴奋地答道:“爹,今天娘答应要杀猪,我正在磨刀,等你回来杀猪呢!”曾子不信,说:“等你娘回来,我问过她再说吧!”曾申是个机灵孩子,见爹不像要杀猪的样子,立刻想了个主意,他走到父亲身边,问:“昨天你写的那个‘信’字的意思,再给我讲讲好吗?”曾子很高兴,说:“‘信’字,一是要诚实无欺,二是要守信用。”

曾子正说到兴头上,曾申插嘴说:“爹,娘说了要杀猪,回来不让杀,还能算‘信’吗?”

曾子愣了一下,仰天大笑起来:“这机灵鬼,小脑瓜还有这么多鬼点子!好吧,既然你娘答应了,咱们就去杀猪。”

曾申一溜烟跑出去拿刀,找绳子,烧开水。爷儿俩欢天喜地,忙了半天,等曾夫人回到家里,那口大猪已变成一堆肉了。

曾子对夫人说:“一言既出,驷马难追。你既然对孩子说了,当然就要算数。一头猪杀了还可养;孩子要是学会了不守信用,可要贻误终身了。”

【课后思考】

通过这个故事，你从曾子身上学到了哪些东西？

xiào jīng tōng　sì shū shú　rú liù jīng　shǐ kě dú

孝经通　四书熟　如六经　始可读

【注释】

1.《孝经》：儒家的伦理学著作。

2. 熟：熟悉，熟记。

3. 如：像，比如。

4. 始：开始。

【译文】

读通了《孝经》，并且将“四书”也熟练地学习和理解后，就可以开始研读像“六经”这样更加深奥的文化典籍了。

【知识拓展】

东晋孝武帝和《孝经》的故事

据《晋书》讲，东晋孝武帝是很聪明的人，从小就以聪明、有悟性著称。他从小在《孝经》的教育下长大，自己很早就开始宣讲《孝经》。但当他的父亲死了以后，他根本不哭，一点都不悲伤，旁边的很多大臣看不下去了，说：“皇上啊，根据《孝经》，您最起码要哭一哭啊。”孝武帝回答：“哀至则哭，何常之有。”意思是我真要悲痛到受不了了，我会哭的。孝武帝对父亲没有什么孝道，却特别宠爱自己的一个妃子。这个妃子姓张，年近三十，在孝武帝那个时候就算比较大了。孝武帝跟这个妃子开了一个玩笑，他说：“要论你的年龄，我应该把你给废了。”结果这个妃子当天晚上就把孝武帝杀死了。这就是一个嘴上讲孝道，实际上根本不孝的皇帝的最后下场。

诵《孝经》以退黄巾

汉朝有个大臣叫向栩，给人感觉有思想、有本事。后来，黄巾军遍地起义，宫廷里面商讨出兵去镇压。向栩却说：“不用出兵。”别人就问他有什么高招。他说：“但遣将于河上，北向读《孝经》，贼自当消灭。”意思就是不必派兵了，派一个将领到黄河岸边上，朝着北面朗诵《孝经》，贼自然就消灭了。向栩以为读读《孝经》就可以退兵，这当然十分可笑，但由此也可以看出,《孝经》是一部劝人向善的经典。

【课后思考】

现在的我们应该如何看待《孝经》?

shī shū yì　lǐ chūn qiū　hào liù jīng　dāng jiǎng qiú
诗书易　礼春秋　号六经　当讲求

【注释】

1.《诗》:《诗经》。

2.《书》:《尚书》。

3.《易》:《易经》。

4.《礼》:包括《周礼》《礼记》《仪礼》三部礼学著作。

5.《春秋》:相传为孔子编订。

6. 号:称作。

7. 当:应当。

【译文】

《诗经》《尚书》《易经》《礼记》《春秋》和《乐经》(已经失传)被人们称为“六经”,我们应该好好熟读并深入研究。

【知识拓展】

六经的地位

《诗经》:我国第一部诗歌总集。

《尚书》:我国第一部历史文献和古典散文集。

《易经》:我国第一部经典。

《周礼》:我国第一部组织管理和典章制度总集。

《礼记》:我国第一部文化资料汇编。

《春秋》:现存最早的编年体史书。

【课后思考】

说出“四书五经”的具体作品。

yǒu lián shān　yǒu guī cáng　yǒu zhōu yì　sān yì xiáng
有连山　有归藏　有周易　三易详

【注释】

1.《连山》:《易经》的一种版本,传说成书于夏朝。

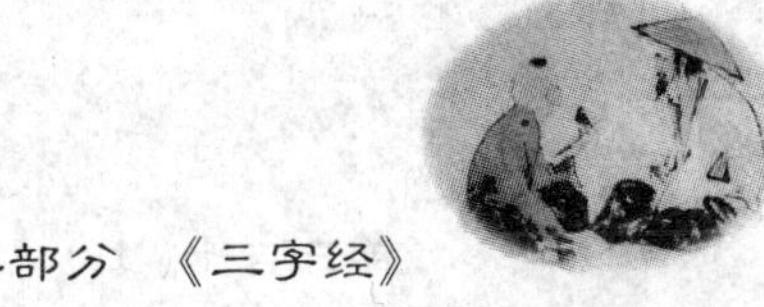

2.**《归藏》**:《易经》的一种版本,传说成书于商朝。

3.**《周易》**:《易经》的第三种版本,成书于周朝,保存至今。

4.**详**:详细,详尽。

【译文】

我们说的“三易”具体是指《连山》《归藏》《周易》这三本经书。

【知识拓展】

《周易》的由来

传说,在很久很久以前,人们对大自然一无所知,对昼夜更替、斗转星移、生老病死等现象很是疑惑。伏羲为破解这些变化的秘密,经常举目四望,揣摩日月、昼夜变化的规律。

一天,黄河里出现了一只像马不是马、像龙不是龙的神兽,它在黄河水面上行走就像走在平地上一样。伏羲得到消息后赶去察看,没想到这神兽竟然主动来到伏羲面前。伏羲很奇怪,仔细观察了一番,发现它的背上布满了神奇的图案。伏羲就拿着蓍草把这些图案临摹下来,刚临摹完,神兽便腾空而起,消失不见了。伏羲根据这些图案,结合观察到的天文星象、地理四极画出了“八卦”图,这便是最早的《易》。

到后来,周文王姬昌被商纣王囚禁于羑里,他体察天道人伦,在八卦图的基础上又衍生出六十四卦。人们将周文王发展过的《易》称为《周易》。春秋时期,孔子研究《周易》,并结合当时的社会现状撰写了十篇《易传》,使得《周易》最终完整地出现在人们面前。这便是《周易》的成书演变过程。

【课后思考】

现在的我们该如何看待《易经》?

yǒu diǎn mó　yǒu xùn gào　yǒu shì mìng　shū zhī ào

有典谟　有训诰　有誓命　书之奥

【注释】

1.**典**:《尚书》里的一种文体,主要记载规章制度。

2.**谟**:《尚书》里的一种文体,主要记载大臣、谋士为君主献计、献策的事迹和言论。

3.**训**:《尚书》里的一种文体,主要记载忠臣劝谏君主的言论和行为。

4. 诰:《尚书》里的一种文体,主要记载君主的政治命令和通告。

5. 誓:《尚书》里的一种文体,主要记载君主出兵讨伐敌人时发布的誓词。

6. 命:《尚书》里的一种文体,主要记载君主任命或赏赐官员的行为。

7. 奥:深奥难懂。

【译文】

《尚书》里的文章使用了典、谟、训、诰、誓和命等多种文体,是一本比较深奥难懂的著作。

【知识拓展】

伏生藏书

有一个儒生叫伏生,这个人十岁拜师学习,开始研读《尚书》。伏生是一个非常刻苦、非常用功的人,他刻苦到什么地步?他把自己关在一个阴冷而潮湿的石头房子里,第一是为了安静,第二是在这样的房子里不可能睡得很舒服,所以就逼迫自己经常醒过来读书。不仅如此,他在这个房子里反复诵读《尚书》,还在自己腰上系一根绳子,这根绳子长八十尺。每背一遍《尚书》,他打一个结,很快这根绳子就打满了结,《尚书》自然也就背得滚瓜烂熟。伏生因为非常精通《尚书》,声名卓著,被选为儒学博士。

但是到了公元前213年,也就是秦始皇统一六国后,秦始皇采纳了李斯的意见,开始焚书。不光焚书,还要坑儒。伏生就冒着生命危险把《尚书》抄在竹简上,藏在夹壁里。藏好了以后,伏生就逃命去了。

汉朝建立以后,伏生才辗转回到老家,回到老家的第一件事,就是打开这个墙壁,去找他藏在那里的《尚书》。经过那么多年,书没被人发现,还在夹墙里,但是经过虫子咬、老鼠啃、雨水泡,这部书已经损失了一大半。伏生就只能凭着记忆来整理这部残书。但是伏生回来的时候,岁数已经不小了,而且经过颠沛流离、担惊受怕,他的记忆力已经衰退,所以这部藏书,已经被他遗忘了相当大的一部分。

汉文帝时,政府弘扬和提倡经典研究,伏生保存《尚书》的事迹传到朝廷后,朝廷征召他去当官。但是,那时伏生已经是九十岁的老先生了,不可能出远门了。老先生既然来不了,朝廷就派了一个非常著名的人,上门学习《尚书》。这个人就是晁错,等晁错赶到伏生那里

时,伏生已经没有什么精力再教育这个弟子了。伏生的女儿跟着父亲多少学过一点儿《尚书》,就由女儿口授给晁错。这一口授,恐怕又得打点折扣。《尚书》文字生涩拗口,晁错用汉朝流行的文字——隶书,把他从伏生的女儿嘴里听来的《尚书》记录了下来,一共是二十八篇。

由此可见古人保留一部典籍,有多么困难。当晁错写下了这二十八篇《尚书》带回朝廷以后,又在民间发现零零碎碎一篇。所以今文《尚书》一共是二十九篇。

焚书坑儒

秦始皇憎恶儒生引用诗书来反对秦的法律,于是焚毁诗书,坑杀儒生,对中国文化造成了极大的摧残。这是秦始皇统一六国后,为统制思想文化而采取的两项重大措施。秦始皇三十四年,博士淳于越反对郡县制,建议依据古制,封子弟功臣以为枝辅。丞相李斯为杜绝"诸生不师今而学古,以非当世,惑乱黔首"的现象,提出焚书的建议。秦始皇采纳其建议,下令除秦国的史书、博士官收藏的图书和百姓家藏的医药、卜筮和种树等书外,凡列国史记、百姓私藏的《诗》《书》和"百家语"等均限期交出并焚烧。

焚书对古代文化典籍造成了极大破坏。次年,为秦始皇寻觅长生不老仙药的方士侯生、卢生,因难以继续行骗,便以始皇贪于权势,未可为求仙药为由,相约逃亡。秦始皇闻讯大怒,认为儒生多以妖言惑乱黔首,于是下令御史案问诸生,受株连的儒生达四百六十余人,全被活埋于咸阳。

【课后思考】

我们应该学习伏生的什么精神?

wǒ zhōu gōng　zuò zhōu lǐ　zhù liù guān　cún zhì tǐ

我周公　作周礼　著六官　存治体

【注释】

1. **周公**:周武王的弟弟。

2. **著**:写书,写作。

3. **六官**:《周礼》分天官冢宰、地官司徒、春官宗伯、夏官司马、秋官司寇和冬官考工记六

个章节,讲述周代的典章制度。

4. **存**:存在,保存。

5. **治体**:国家的政治体制。

【译文】

周公写了《周礼》,这本书一共有六个章节,记载和保存了周朝的政治体制。

【知识拓展】

周公辅政

周公,姬姓,名旦,文王之子,武王之弟,成王之叔。从小就孝顺、仁爱、忠厚、诚实、多才多艺、聪明伶俐,深得文王的喜爱。他与武王兄弟二人帮助父亲文王打下了强盛坚实的基础,后辅佐武王伐纣,封于鲁,但并未前去封地,一直留在京城辅佐武王,安定社会、建立制度。武王灭商后,对于如何处置殷商奴隶和上层贵族,征求大臣的意见,当时,大臣的意见不一,有的认为该统统杀掉,不留后患;有的认为有罪的杀,没罪的留下。只有周公建议,让殷人在他们原地安居,耕种原来的土地,争取殷人当中有影响、有仁德的人。他这种给降者生路,就地安置商殷遗民的建议深得武王赞许。

武王建立周朝两年后驾崩,周公受命辅佐年仅十三岁的成王,他负起裁决国家大事的实际责任。周公勤于政事,求贤若渴,即使在吃饭或沐浴时,只要有人求见,他马上放下私事,先办公事。所谓"一沐三握发,一饭三吐哺",正是他认真工作的最佳写照。在他儿子伯禽赴封地鲁国治国时,他叮咛儿子也要以这种精神礼贤下士,好好治国。

周公毫不眷恋权位,摄政七年,还政于成王,卸下千斤的担子,不避毁誉,在风雨飘摇中,支撑危局,这种坚忍的精神是不可多得的。而周朝八百年的基业,也是在周公的努力下奠定的。他从父亲文王创业起,就成为智囊的中心人物,兄长武王革命时,更是其得力助手,到了侄儿成王时,更把整个治国大任肩负起来,一生可谓鞠躬尽瘁。而心胸格局之大、理想之高远、见解之宽广,更是后世为政者的典范。

【课后思考】

谈谈周公对周朝的贡献。周公这样的作为你是怎么看待的?

dà xiǎo dài zhù lǐ jì shù shèng yán lǐ yuè bèi

大小戴 注礼记 述圣言 礼乐备

【注释】

1. **大小戴**:西汉儒家学者大戴和小戴叔侄,大戴指戴德,小戴指戴圣。

2. **注**:汇编。

3. **述**:记述,记载。

4. **礼乐**:礼仪和典章制度。

【译文】

西汉时的戴德和戴圣叔侄各自汇编了《礼记》这本书,书中记述了圣人贤者的言论,使礼仪典章制度逐渐完备起来。

【知识拓展】

《小戴礼记》简介

《礼记》是战国至秦汉时期儒家学者解释说明经书《仪礼》的文章选集,是一部儒家思想的资料汇编。《礼记》的作者不止一人,写作时间也有先有后,其中多数篇章可能是孔子的七十二名弟子及其学生们的作品,还兼收先秦的其他典籍。

《礼记》一书的编定是由西汉礼学家戴德和他的侄子戴圣完成的。戴德选编的八十五篇叫《大戴礼记》,在后来的流传过程中若断若续,到唐代只剩下了三十九篇。戴圣选编的四十九篇叫《小戴礼记》,即我们今天见到的《礼记》。这两种书各有侧重和取舍,各有特色。东汉末年,著名学者郑玄为《小戴礼记》作了出色的注解,后来这个版本盛行不衰,并由解说经文的著作逐渐成为经典,到唐代被列为“九经”之一,到宋代被列入“十三经”之中,成为士人必读之书。

《礼记》主要记载和论述先秦的礼制、礼仪,并记录孔子和弟子等的问答,记述修身和做人的准则。实际上,这部九万字左右的著作内容广博,门类杂多,涉及政治、法律、道德、哲学、历史、祭祀、文艺、日常生活、历法和地理等诸多方面,几乎包罗万象,集中体现了先秦儒家的政治、哲学和伦理思想,是研究先秦社会的重要资料。

《礼记》全书用散文写成,一些篇章具有相当高的文学价值。有的用短小生动的故事阐明某一道理,有的气势磅礴、结构谨严,有的言简意赅、意味隽永,有的侧重心理描写和刻画,书中还收有大量富有哲理的格言、警句,精辟而深刻。

【课后思考】

解释“大道之行也,天下为公”。

yuē guó fēng　yuē yǎ sòng　hào sì shī　dāng fěng yǒng

曰国风　曰雅颂　号四诗　当讽咏

【注释】

1.《国风》:又称《风》,是《诗经》的第一部分,大多是周王朝时各个地区和诸侯国的民间歌谣。

2.《雅》:《诗经》的第二部分,是诸侯贵族们集会时所唱的诗歌,分为《大雅》和《小雅》。

3.《颂》:《诗经》的第三部分,是宗庙祭祀用的乐歌,内容多是歌颂祖先的功业的。

4. 号:称作。

5. 当:应当。

6. 讽:诵读。

7. 咏:有节奏地吟咏。

【译文】

《诗经》是我国第一部诗歌总集,收入了从西周初期到春秋中期约五百年间的诗歌 305 篇,又称《诗三百》。这些作品分为《风》《雅》《颂》三部分。《诗经》是我国古代文化的瑰宝,值得我们好好习读。

【知识拓展】

《新台》与《二子乘舟》的故事

新台有泚,河水弥弥。燕婉之求,蘧篨不鲜。

新台有洒,河水浼浼。燕婉之求,蘧篨不殄。

鱼网之设,鸿则离之。燕婉之求,得此戚施。

东周时的卫国有个人叫公子晋。他淫纵不检,修养很差。他在还没有继位的时候,就和父亲卫庄公的一个叫夷姜的妾私通。后还生下了一个儿子叫伋,并把伋藏到了民间,偷偷地养起来。卫庄公过世,卫国宫廷大乱,经过非常残酷复杂的宫廷斗争,公子晋在公元前 718 年成为了卫宣公。他当了国君,马上就冷落了自己的原配夫人邢妃,公然宠信自己的庶母夷姜。而且还把伋接了回来,立为嗣子。伋十六岁到了可以婚娶的年龄,打算去聘娶齐僖公的长女宣姜。此时,卫宣公还不改这个淫纵不检的坏毛病。他听说齐僖公的长女很漂亮,所以就动了坏心,派太子伋出使宋国,又赶紧在淇河边上造了一个高台,叫新台,装饰得非常华丽,并亲自到新台去迎接齐僖公的长女。卫宣公一看到这个女子亭亭玉立,貌若天仙,干脆就把齐僖公的长女又娶做了自己的夫人。

二子乘舟,泛泛其景。愿言思子,中心养养!

二子乘舟,泛泛其逝。愿言思子,不瑕有害?

这个故事是接着《新台》的故事讲的。这里的二子是两个公子，一个是公子伋，另一个是公子寿。公子伋出使宋国回来，满心欢喜，以为自己父亲给自己把媳妇娶好了。但他发现原来要给自己迎娶的宣姜，现在已经成了自己的庶母。他没有任何怨言，因为他早年一直被养在民间，身上没有皇室贵族公子那种骄纵，反而从民间吸取了非常好的道德滋养，他恪守孝道，非常温和。宣姜一连给卫宣公生了两个儿子，即公子寿、公子朔。公子寿和公子朔虽是亲兄弟，性格却完全不一样。公子寿和公子伋兄弟两个虽然是异母所生，却非常友爱。公子朔非常狡诈阴险，一心想当国君，这样就面临着两个障碍，一个是公子伋还没被废掉，一个就是他嫡亲的哥哥公子寿。

公元前701年，齐僖公攻伐纪国，叫自己的女婿卫宣公一起派兵共同讨伐。卫宣公就命令太子伋出使齐国，在卫国到齐国的路上，卫宣公和公子朔安排了杀手，准备把公子伋杀死。但公子寿有一次进宫去探望自己的母亲宣姜的时候，得到了消息，所以就私下见公子伋，劝他赶紧避出去，让他逃命。但是公子伋的回答是："为人子则从命为孝。"作为儿子，是必须听从父亲的命令的，这样才是孝。"弃父之命即为逆子"。所以他做好了一切准备，不听公子寿的劝告。公子寿心想："那如果我的哥哥这一次真的被人杀了，那么父亲卫宣公就要立我为太子了，我将来怎么对得起天下的人呢？就决定先走一步，替哥哥去死，希望自己的父亲能够由此感悟，饶过哥哥。于是，公子寿又招来一艘船，公子伋一艘，公子寿一艘。因为公子伋马上要出使齐国了，公子寿就陪自己异母哥哥公子伋喝酒，为他送行。公子寿心里明白自己的计划，自己控制酒量。但是公子伋心情很压抑，因为他完全知道这个阴谋，却只能去死，所以心情很坏。心情一坏，喝了闷酒很快就醉了。当他醉了的时候，公子寿拿了他的节开着船先走，并留了一封信给哥哥。当然，就碰到了事先安排好的这些杀手。这些杀手把公子寿给杀了，把他脑袋割下来放在盒子里。公子伋酒醒过来一看，弟弟的船已经开了，再看到弟弟留给他的信，大吃一惊，赶紧下令自己的随从开船，去追赶公子寿。

公子伋的船往前追，看见公子寿的船正好迎面向自己驶来。此时，公子伋不知道公子寿已经被杀，他很聪明，就喝问："主公交给你们办的事情办好了没有？"杀手以为是卫宣公派来的密使，就捧上盒子说："我们办好了，已经把公子伋给杀了。"公子伋打开一看，里边装着弟弟的头颅，非常哀痛，当时就叫冤枉，旁边的杀手觉得很奇怪。公子伋说："我才是真正的公子伋，我得罪了自己的父亲，父亲要杀我。但这是我的弟弟，他有什么罪，你们为什么要杀他？"这些杀手到这时候才知道搞错了。公子伋告诉杀手："我不会跑的，我跑你们也没有办法交差，干脆把我的头也砍下来，完成国君交给你们的使命，也好弥补你们误杀之罪。"于是，杀手把公子伋也杀了。他们把这两个公子的头都装好，回到卫国，向卫宣公复命。而卫宣公听到公子伋和公子寿居然同时被杀的时候，当时就昏过去了。大叫："齐姜误我。"卫

宣公因为痛心和悔恨病倒在床,半个月后就死了。卫国的人非常同情这两位公子,但是又不好明说,因为这两个公子之死,完全是自己国君下令干的。所以卫国的人民就写了一首叫《二子乘舟》的诗在民间传唱。

【成语名言】

执子之手,与子偕老。

新婚燕尔,天作之合。

【课后思考】

说说《诗经》的六义。

shī jì wáng　chūn qiū zuò　yù bāo biǎn　bié shàn è

诗既亡　春秋作　寓褒贬　别善恶

【注释】

1.《诗》:这里指采集诗歌的传统。

2. 寓:寄托,隐含。

3. 别:区别,辨别。

【译文】

采集诗歌的传统慢慢消失后,孔子开始编写《春秋》这部史书,书中包含了对现实政治的褒扬和批评,对好坏行为进行区别。

【知识拓展】

周幽王烽火戏诸侯

周幽王是西周的末代天子,西周末年天灾人祸频繁发生,百姓饥寒交迫。在这种情况下,周幽王不但不设法安定民心,反而过着更加荒淫的生活。

周幽王娶了申侯的女儿做皇后,立儿子宜臼为太子。可他后来又爱上一个叫褒姒的女人,褒姒生了儿子后,周幽王不但想废掉宜臼,还想让老虎把他咬死,亏得宜臼胆子大,大吼一声吓退了老虎,宜臼从此存了戒心,就偷偷逃出王宫,躲到外祖父家。

褒姒很怪,从来不笑,即使她的儿子被立为太子,也没丝毫欢乐的表示。为此周幽王想出了无数条妙计,还悬赏千金,但这些都没用。有个叫虢石父的坏家伙给周幽王献上“烽火戏诸侯”的损招。原来,西周时为了防备西边犬戎部族的侵略,在镐京附近的骊山一带修了

许多烽火台。烽火台就是修筑得很高的平台，如果发现犬戎来犯，晚上就在烽火台烧起大火，白天就在烽火台上烧狼粪使它冒烟，向诸侯发出警报。远方的诸侯看到烟和火光，知道京城告急，天子有难，就赶快带着军队前来救援。这天，周幽王带着褒姒来到城楼上，他派人在烽火台上烧起了熊熊大火。诸侯们看到火光，以为天子有难，急忙派出大军赶来救援，当他们赶到镐京城下，却看不到一个犬戎的兵，见到的是周幽王和褒姒坐在城楼上喝酒看热闹。不过诸侯的一路奔忙还真把褒姒逗笑了，褒姒的嫣然一笑可把周幽王高兴坏了，马上给虢石父千金的奖赏，而那些被愚弄的诸侯可是气坏了，都骂骂咧咧地带兵回去了。

宜臼的外祖父听说周幽王废掉了申后和太子宜臼，非常生气，于是联合犬戎发兵攻打镐京。周幽王看到犬戎真的来了，赶紧派人去点燃烽火，向诸侯求救。可这次，诸侯们以为又是周幽王拿他们取乐，所以没人派兵。于是镐京被犬戎攻破了，周幽王逃到骊山脚下被杀，褒姒被掳走了，周王室积存的宝物被洗劫一空。等诸侯们弄清真的是犬戎来犯，急忙派兵救援，但是已经晚了，诸侯见周幽王已死，就拥戴宜臼继位，就是周平王。周平王继位后，怕犬戎再来进攻，不敢留在镐京，公元前770年，他把都城从镐京迁到东都洛邑，因为镐京在西边，所以历史上把周平王东迁以前的周朝称为西周，把东迁以后的周朝称为东周。

【成语名言】

一字之褒，荣于华衮；一字之贬，严于斧钺。

【课后思考】

孔子写《春秋》的目的是什么？

sān zhuàn zhě　yǒu gōng yáng　yǒu zuǒ shì　yǒu gǔ liáng

三传者　有公羊　有左氏　有谷梁

【注释】

1. 三传：指注解和解释《春秋》的三本著作。
2. 《公羊》：《公羊传》，也称《春秋公羊传》，作者是公羊高。
3. 《左氏》：《左传》，也称《春秋左氏传》，作者是左丘明。
4. 《谷梁》：《谷梁传》，也称《春秋谷梁传》，作者是谷梁赤。

【译文】

有三本专门解释《春秋》这本史书的作品，分别是《公羊传》《左传》和《谷梁传》。

【知识拓展】

多行不义必自毙

从前，郑武公娶了申国国君的女儿为妻，叫作武姜，生下了庄公和共叔段。庄公脚在前倒着生下来，使姜氏受了惊吓，所以取名叫“寤生”，武姜因此讨厌庄公。武姜爱共叔段，想

立他为太子,并多次向武公请求,武公都没有答应。等到庄公当上了郑国国君,武姜为共叔段请求把制作为他的封邑。庄又说:“制邑是个险要的城邑,从前虢叔就死在那里,如果要别的地方,我都答应。”武姜又为共叔段请求京邑,庄公就让共叔段住在那里,称他为“京城太叔”。祭仲说:“都城超过了三百丈,就会成为国家的祸害。按先王的规定,大的都城面积不能超过国都的三分之一,中等的不超过五分之一,小的不超过九分之一。现在京邑的大小不合法度,违反了先王的制度,这会使您控制不了的。”庄公回答说:“姜氏要这么做我怎能避开这祸害呢?”祭仲说道:“姜氏哪有满足的时候?不如早些处置共叔段,不让他的势力蔓延。如果蔓延开来,就难对付了。蔓延开的野草都除不掉,更何况是您受宠的兄弟呢?”庄公说:“干多了不仁义的事情,必定会自取灭亡,您暂且等着看吧。”不久之后,共叔段令西边和北边的边邑也同时归他管辖。公子吕说:“一个国家不能容纳两个君王,您打算怎么办?如果您想把国家交给太叔,就请允许我去侍奉他;如果不给,就请除掉他,不要使百姓产生二心。”庄公说:“用不着,他会自食其果。”太叔又把双方共管的边邑收归自己,一直把邑地扩大到了廪延。公子吕说:“可以行动了。他占多了土地,就会得到更多百姓拥护。”庄公说:“做事不仁义就不会有人亲近,地方再大也会崩溃。”太叔修造城地,聚集百姓,修整铠甲和武器,准备好了步兵和战车,要偷袭郑国国都。武姜打算为他打开城门作内应。庄公得知了太叔偷袭的日期,说:“可以动手了!”于是,他命令公子吕率领两百辆战车去攻打京邑。京邑百姓背叛了共叔段,共叔段逃到了鄢地,庄公又攻打鄢。后来共叔段逃奔去了共国。

庄公把武姜安置在城颖,并向她发誓说:“不到地下黄泉,永远不再见面。”事后,他又后悔这么说。颖考叔当时是颍谷管理疆界的官员,他听说了这件事,就送了些礼物给庄公。庄公请他吃饭,他却把肉放在一旁不吃。庄公问他为什么,颖考叔回答说:“我家中有母亲,我的饭食她都吃过,就是从未吃过君王的肉羹,请允许我拿去送给她。”庄公说:“你有母亲可以送东西给她,唯独我没有!”颖考叔说:“我冒昧问一下这话是什么意思?”庄公把事情的缘由告诉了他,并说自己很后悔。颖考叔说;“君王何必担忧呢?如果掘地见水,打成地道去见面,谁能说这不是黄泉相见?”庄公听从了考叔的话,照着做了。庄公进入地道,赋诗说:“身在隧道当中,心中快乐融和!”武姜走出隧道,赋诗说:“身在隧道之外,心中快乐舒畅!”于是母子关系又与从前一样了。

【课后思考】

查找资料,了解并思考三传的区别在哪里。

jīng jì míng　fāng dú zǐ　cuō qí yào　jì qí shì

经既明　方读子　撮其要　记其事

【注释】

1. 经:这里指儒家的经典。

2. **方**：开始。

3. **撮**：选取，选择。

4. **要**：要点。

5. **记**：记住。

【译文】

我们读透并理解了儒家经典后，就可以开始读诸子百家的作品了。读这些书时，我们要抓住重点并记住主要内容。

【知识拓展】

商鞅变法

周显王八年，秦孝公即位。他感到秦国外受强邻欺压，内有贵族专横，日子很不好过，决心奋发图强，改变国家落后的面貌。为了寻求改革的贤才，就下了一道命令："不管是本国人，还是外国人，谁有好办法使秦国富强起来，就封他做大官，赏给他土地。"不久，一个叫卫鞅的年轻人应征从魏国来到秦国。

卫鞅到了秦国，托人介绍，见到了孝公，卫鞅把他的一套富国强兵的道理和办法给孝公讲了一遍，他说："一个国家要富强起来，就必须重视农业生产，这样，老百姓才能有吃、有穿，军队才有充足的粮草；要训练好军队，做到兵强马壮；还要赏罚分明，种地收成多的农民、英勇善战的将士，都要鼓励和奖赏，对那些不好好生产、打仗怕死的人，要加以惩罚。真能做到这些，国家没有不富强的。"孝公听得津津有味，连饭都忘了吃。两个人议论国家大事，谈了好几天，十分投机。最后，孝公决定变法，改革旧的制度，推行卫鞅提出的新法令。

这个消息一传开，贵族大臣们都一起反对。不少大臣劝孝公要慎重，不要听信卫鞅那一套。孝公心里非常赞成卫鞅的主张，觉得不变法就不能使秦国富强起来，但是看到反对的人那么多，又感到为难，就把许多大臣召集到一起，让他们辩论。一个叫甘龙的大臣首先发言，他说："现在的制度是祖宗传下来的，官吏做起来得心应手，老百姓也都习惯了。不能改！改了准会乱！"另外一些大臣也跟着说："新法是胡来，是谬论，古法、旧礼改不得！"卫鞅理直气壮地驳斥他们说："你们口口声声讲什么古法、旧礼，请问这一套能使国家富强起来吗？从古以来就没有一成不变的法和礼。只要对国家有好处，改变古法、旧礼有什么不对？

墨守成规只能使国家灭亡!”

卫鞅从古到今,举出大量事实,说明变法的必要,把那些大臣驳得哑口无言。孝公听他说得头头是道,把反对变法的大臣一个个都驳倒了,非常高兴,对卫鞅说:“先生说得对,新法非实行不可!”说罢就拜卫鞅为左庶长(古时候一种官名),授予他推行新法令的大权,叫他抓紧把变法方案制定出来。并且宣布:谁再反对变法,就治谁的罪!这样,那些大臣都不敢吭声了。

卫鞅很快就把变法方案制定出来了。孝公完全同意。卫鞅怕新法令没有威信,老百姓不相信,推行不开,就想了个办法。他叫人在都城的南门竖了一根三丈来长的木头,旁边贴了张告示说:谁能把这根木头扛到北门去,赏他十金。不多会儿,木头周围就围满了人。大伙儿心里直犯嘀咕,这根木头顶多百来斤,扛几里地不是什么难事,怎么给这么多的金子呢?或许设了什么圈套吧?结果谁也不敢去扛。卫鞅看没人扛,又把奖赏提高到五十金。这么一来,人们更疑惑了,都猜不透这新上任的左庶长葫芦里到底卖的什么药。这时候只见一个粗壮汉子分开人群,跨上前去,说:“我来试试。”说完扛起木头就走。许多看热闹的人,好奇地跟着,一直跟到了北门。只见新上任的左庶长正在那里等着呢。他夸奖那个大汉说:“好,你能够相信和执行我的命令,真是一个良民。”随后就把准备好的五十金奖给了他。这事儿很快就传开了,大家都说:“左庶长说话算数,说到做到,他的命令可不是随便说说的啊!”从此,秦国的法律开始受到百姓的重视了。

韩非子提出“防八奸”

“八奸”特指对专制君主的权力构成威胁的政治阴谋,其中包括:同床、在旁、父兄、养殃、民萌、流行、威强和四方等八种方式,体现了韩非子对官场斗争的敏锐的洞察力和高度的概括力。

【课后思考】

说说诸子百家都有哪些主要思想和代表人物。

wǔ zǐ zhě　yǒu xún yáng　wén zhōng zǐ　jí lǎo zhuāng

五子者　有荀扬　文中子　及老庄

【注释】

1. **五子**:指诸子百家中的五个人,不局限于春秋战国时期的“诸子百家”。

2. **荀**:指荀子。

3. **扬**:指扬雄。

4. **文中子**:指王通。

5. **老庄**:指老子和庄子。

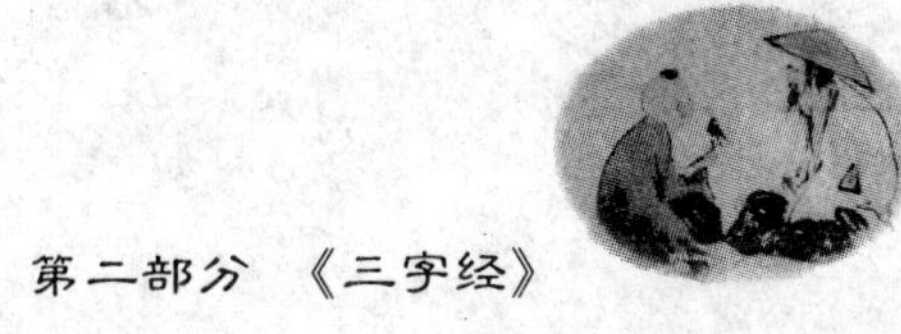

【译文】

诸子百家中有五个人比较重要,他们是荀子、扬雄、文中子王通、老子和庄子。

【知识拓展】

庄周梦蝶

原文 《庄子·齐物论》:“昔者庄周梦为胡蝶,栩栩然胡蝶也。自喻适志与!不知周也。俄然觉,则蘧蘧然周也。不知周之梦为胡蝶与?胡蝶之梦为周与?周与胡蝶,则必有分矣。此之谓物化。”

典故 从前有一天,庄周梦见自己变成了蝴蝶,一只翩翩起舞的蝴蝶。自己非常快乐,悠然自得,不知道自己是庄周。一会儿梦醒了,却是僵卧在床的庄周。不知是庄周做梦变成了蝴蝶,还是蝴蝶做梦变成了庄周。

寓意 这则寓言是表现庄子齐物思想的名篇。庄子认为人们如果能打破生死、物我的界限,则无往而不快乐。它写得轻灵缥缈,常为哲学家和文学家所引用。

《道德经》五则

(1)道可道,非常道。名可名,非常名。无名天地之始,有名万物之母。

(2)天长地久。天地所以能长且久者,以其不自生,故能长生。

(3)金玉满堂,莫之能守。富贵而骄,自遗其咎。功遂身退天下之道。

(4)大道废,有仁义;智慧出,有大伪;六亲不和,有孝慈;国家昏乱,有忠臣。

(5)上善若水,水善利万物而不争,处众人之所恶,故几于道。

【课后思考】

你怎样看待“性恶论”?

以史为鉴

jīng zǐ tōng　dú zhū shǐ　kǎo shì xì　zhī zhōng shǐ

经子通　读诸史　考世系　知终始

【注释】

1. **经子**：指儒家经典和诸子百家的作品。

2. **诸**：众多。

3. **考**：考究，推求。

4. **世系**：家族世代相承的系统。

5. **始终**：结束和开始，这里指朝代盛衰、兴亡及原因。

【译文】

熟读了儒家经典和诸子百家的作品之后，我们就可以开始读各朝各代的历史了。在读史书时，我们要弄明白各个朝代的兴衰和帝王家族的传承关系。

【知识拓展】

前车之鉴

贾谊是西汉时期著名的文学家。他年轻的时候，所写的文章便远近闻名。汉文帝听说贾谊精通诸子百家，于是征召贾谊入朝担任博士之职，此时，贾谊只有二十岁。为了表示对汉文帝的忠心，他曾多次上书，陈述治理国家的大政方针，受到了皇帝的赞赏。

有一次，贾谊在奏折中引用了夏、商、周三代都统治了几百年，而秦朝只传了两代的历史事实，劝说汉文帝应该效仿夏、商、周三代的做法，改进政治措施，努力治理国家。他引用当时的谚语说："前车覆，后车戒。"意思是说，前面的车子翻了，后头的车就要小心了，应当以此为戒，避免再发生类似的错误。接着他又说道："秦代灭亡的车迹我们已经看到了，如果不注意，我们也会走上灭亡的道路。所以一定要施行仁政，安抚百姓。"

汉文帝认为贾谊的意见很好，于是采取了相应的轻徭薄赋、提倡节俭、奖励农桑等休养生息的措施。经过他和儿子汉景帝两代皇帝的治理，社会经济得到了很大发展，国力也逐步强大起来。历史上称这一时期的统治为"文景之治"。

后来，人们把贾谊所引用的谚语“前车覆，后车戒”概括为“前车之鉴”，用来表示要以前面翻车的事故作为警戒，吸取教训，不要再重复这样的做法。现在，多用来比喻要吸取别人失败的教训，以防自己再走上失败的道路。

【成语名言】

以铜为镜，可以正衣冠；以古为镜，可以知兴替；以人为镜，可以明得失。

——唐太宗

【课后思考】

中国历史延续了几千年，其中经历了许许多多的朝代，我们要掌握这个漫长的历史过程似乎很困难，你有什么好的方法吗？

zì xī nóng　zhì huáng dì　hào sān huáng　jū shàng shì

自羲农　至黄帝　号三皇　居上世

【注释】

1. 羲：伏羲。
2. 农：神农。
3. 号：称。
4. 居：处在。

【译文】

伏羲、神农和黄帝是远古时期的三位帝王，后人称他们为“三皇”，他们处在远古时代。

【知识拓展】

神农播五谷

神农氏又叫炎帝，是三皇之一，也是中国农业的奠基人。他生活的年代，正是原始的狩猎时期，人们靠猎取野兽来填饱肚子。炎帝当了部落首领以后，担心天长日久，野兽会被捕尽，就一直想找一种可以替代的食物。一次，他用一种野草做燃料烤肉时，忽然从火堆里蹦出几粒白花花的东西来，原来是那些植物的种子，他放入口中一尝，香脆可口。受此启发，他就拿许多的植物种子来做实验，并从中挑选一些味道好的种子加以种植，谷物就这样被发现了。不过，并非所有植物结的果实都适合人类食用。

在众多野生植物中,稻子、高粱、豆类、麦子、黄米、小米等谷类,对人类来说尤其重要,古人称这六种主要的农作物为“六谷”。不过现在人们已经习惯将人类食用的主要粮食称为“五谷”。

【课后思考】

你知道有关黄帝的传说吗?

táng yǒu yú　hào èr dì　xiāng yī xùn　chēng shèng shì

唐有虞　号二帝　相揖逊　称盛世

【注释】

1. **唐**:指唐尧。

2. **有虞**:受尧禅让称帝,后世以舜简称之。

3. **揖逊**:相互谦让。

【译文】

尧和舜是两位著名的远古帝王,被后人称为“二帝”,那时候尧帝把王位禅让给舜,他们执政的时期天下太平,人们称之为太平盛世。

【知识拓展】

禅让制

传说黄帝以后,黄河流域的部落联盟出现了尧、舜、禹三个著名的领袖。关于他们“禅让”的故事,古书中有不少记载。

尧，号陶唐氏，是帝喾的儿子、黄帝的五世孙，居住在西部平阳（今山西省临汾县一带）。尧当上部落联盟的首领后，和大家一样住茅草屋，吃糙米饭，煮野菜做汤，夏天披件粗麻衣，冬天只加块鹿皮御寒，衣服、鞋子不到破烂不堪绝不更换。老百姓非常拥护他。

尧在位七十年后，年纪老了。他的儿子丹朱很粗野，好闹事。有人推荐丹朱继位，尧不同意。后来尧又召开部落联盟议事会议，讨论继承人的人选问题。大家都推举虞舜，说他是个德才兼备、很能干的人物。尧很高兴，把自己的两个女儿娥皇、女英嫁给舜，并考验了三年才将帝位禅让给舜。

舜，号有虞氏，传说是颛顼的七世孙，距黄帝九世，生于诸冯（今山东省境内）。舜接位后，亲自耕田、打鱼、制陶，深受大家爱戴。他通过部落联盟会议，让八元管土地，八恺管教化，契管民事，伯益管山林川泽，伯夷管祭祀，皋陶作刑，完善了社会管理制度。他也仿照尧的样子召开继位人选会议，民主讨论。大家推举禹来做继承人。舜到晚年身体不好，依旧到南方各地去巡视，竟病死在前往苍梧（今湖南境内）的途中。舜死后，禹做了部落联盟的首领。

【课后思考】

你知道什么是"禅让制"吗？对于尧和舜将王位传贤不传子的做法，你是怎么看待的？

夏有禹 商有汤 周文武 称三王

xià yǒu yǔ shāng yǒu tāng zhōu wén wǔ chēng sān wáng

【注释】

1. **夏**：夏朝。
2. **商**：商朝。
3. **周文武**：这里指周文王和周武王。

【译文】

夏朝的大禹，商朝的商汤，周朝时候的周文王和周武王，被后人称为"三王"。

【知识拓展】

大禹治水

大禹的名字叫文命。禹的父亲叫鲧，算起来，他是黄帝的后代。他是我国古代最有名的治水英雄。

当尧还在世的时候，中原地带洪水泛滥，无边无际，淹没了庄稼，淹没了山陵，淹没了人民的房屋，人民流离失所，很多人只得背井离乡，水患给人民带来了无边的灾难。在这种情况下，尧决心消灭水患，于是就开始访求能治理洪水的人。

一天，他把手下的大臣找到身边，对他们说："如今水患当头，人民受尽了苦难，必须要

把大水治住,你们看谁能来担此大任呢?”

群臣和各部落的首领都推举鲧。尧素来觉得鲧这个人不可信,但眼下又没有更合适的人选,于是就暂且将治水的任务委任给鲧。

鲧治水治了九年,大水还是没有消退,鲧不但毫无办法,而且消极怠工,拿国家这一艰巨的任务当儿戏。后来舜开始操理朝政,他所碰到的首要问题也是治水,他首先革去了鲧的职务,将他流放到羽山,后来鲧就死在那里。

舜也来征求大臣们的意见,看谁能治退这水,大臣们都推荐禹,他们说:“禹虽然是鲧的儿子,但是比他的父亲德行、能力都强多了,这个人为人谦逊,待人有礼,做事认真,生活也非常简朴。”舜并不因他是鲧的儿子而轻视他,而是很快把治水的大任交给了他。

大禹实在是一个贤良的人,他并不因舜处罚了他的父亲就记恨在心,而是欣然接受了这一任务。他暗暗下定决心:“我的父亲没有治好水,给人民带来了苦难,我一定要努力治承。”

但是他知道,这是一个多么重大的职责啊!他不敢懈怠分毫。考虑到这一特殊的任务,舜又派伯益和后稷两位贤臣和他一道,协助他的工作。

当时,大禹刚刚结婚四天,他的妻子涂山氏是一位贤惠的女人,同意丈夫前去,大禹洒泪和自己的恩爱妻子告别,就踏上了征程。

禹带领着伯益、后稷和一批助手,跋山涉水,风餐露宿,走遍了当时中原大地的山山水水,穷乡僻壤,人迹罕至的地方都留下了他们的足迹。大禹感到自己的父亲没有完成治水的大业空留遗憾,而在他的手上这任务一定要完成。他沿途看到无数的人民都在洪水中挣扎,他一次次在那些流离失所的人民面前流下了自己的眼泪,而一提到治水的事,相识和不相识的人都会向他献上最珍贵的东西,当然他不会收下这些东西,但是他感到人民的情意实在太浓,这也增加了他的决心和信心。

大禹左手拿着准绳,右手拿着规和矩,走到哪里就量到哪里。他吸取了父亲采用堵截方法治水的教训,发明了一种疏导治水的新方法,其要点就是疏通水道,使得水能够顺利地

东流入海。大禹每发现一个地方需要治理，就到各个部落去发动群众来施工，每当水利工程开始的时候，他都和人民在一起劳动，吃在工地，睡在工地，挖山掘石，披星戴月地工作。

他生活简朴，住在很矮的茅草小屋子里，吃的比一般百姓还要差。但是在水利工程上他又是最肯花钱的，每当治理一处水患而缺少钱，他都亲自去争取。

他为治水三过家门而不入，有一次他治水路过自己的家，听到小孩的哭声，那是他的妻子涂山氏刚给他生了一个儿子，他多么想回去亲眼看一看自己的妻子和孩子，但是他一想到治水任务艰巨，只得向家中那茅屋行了一个大礼，眼里噙着泪水，骑马飞奔而走了。

大禹根据山川地理情况，将中国分为九个州，即冀州、青州、徐州、兖州、扬州、梁州、豫州、雍州和荆州。他的治水方法是把整个中国的山山水水当作一个整体来治理，他先治理九州的农田，该疏通的疏通，该平整的平整，使得大量的地方变成肥沃的土地。

然后他治理山，经他治理的山有岐山、荆山、雷首山、太岳山、太行山、王挝山、常山、砥柱山、碣石山、太华山和大别山等，治山就是要疏通水道，使得水能够顺利往下流去，不至于堵塞水路。山路治理好了以后，他就开始理通水脉，长江以北的大多数河流都留下了他治理的痕迹。

大禹治水一共花了十三年的时间，正是在他的手下，咆哮的河水失去了往日的凶恶，驯服平缓地向东流去，昔日被水淹没的山陵露出了峥嵘，农田变成了米粮仓，人民终于又能筑室而居，过上幸福富足的生活。

后代人们感念他的功绩，为他修庙筑殿，尊他为“禹神”，我们的整个中国也被称为“禹域”，也就是说，这里是大禹曾经治理过的地方。

【课后思考】

不管在古代还是在现代，你觉得什么样的领导者才能受到百姓的爱戴？

xià chuán zǐ　jiā tiān xià　sì bǎi zǎi　qiān xià shè

夏传子　家天下　四百载　迁夏社

【注释】

1. **夏传子**：从夏禹开始，帝王们把王位都传给自己的儿子。
2. **家天下**：帝王把国家政权据为己有，世代相传。
3. **迁**：迁移，这里指夏朝灭亡。
4. **夏社**：指夏王朝政权。

【译文】

从夏禹开始，夏朝的帝王都把王位直接传给自己的儿子，开始了“家天下”的统治。夏朝经历了四百年，最终灭亡。

【知识拓展】

夏桀暴政

桀乃夏王朝第十六代君主发之子。在位54年(约前1653年—约前1600年),是中国历史上非常有名的暴虐荒淫的国王。但是,桀并不是一个没有本事的人,他不仅非常有文采,而且武功非凡。历史上记载,他徒手就可以把铁钩掰直了,可见是一个很有力气的人。然而,他生性残暴,压榨百姓无所不用其极。生活极度奢侈,不像夏朝的祖先大禹那么刻苦。他藏了好多美女在后宫,还造酒池取乐。这个酒池大到可以在里头开船,夏桀经常带着美女坐在船上,饮酒取乐。

还有比这更荒唐的,夏桀宠爱一个妃子,名叫妹喜。妹喜有一个怪毛病,喜欢听丝绸和布帛被撕破的声音。夏桀为了讨好她,居然叫人拿了好多整匹的丝绸和布帛,天天撕给她听。妹喜一听就高兴,夏桀也很高兴。如此,夏桀开了中国历代昏君“女色误国”的先河,而妹喜也成了断送夏王朝的“红颜祸水”。

面对天下百姓的怨愤,夏桀又抱着一种什么样的态度呢?夏桀有一种病态的自信心。他有一句很有名的话:“天上有太阳,而我就是太阳,你们谁看到太阳掉下来过呢?只有太阳掉下来,我才会灭亡。”他还召集所属各部首领开会,准备发动讨伐其他部落的战争。桀日益失去人心,弄得众叛亲离,政权摇摇欲坠。

【课后思考】

你知道中国历史上哪几位帝王是以“禅让制”的方式完成权力更替的吗?

tāng fá xià　guó hào shāng　liù bǎi zǎi　zhì zhòu wáng

汤伐夏　国号商　六百载　至纣亡

【注释】

1. 伐:讨伐,攻打。

2. 纣:商纣王,商朝最后一位君主。

【译文】

商汤率领军队攻打夏朝,结束了夏朝的统治,建立了新的朝代,把国号定为商。商朝经历了六百多年,到最后一位君主商纣王时灭亡。

【知识拓展】

商汤伐夏

夏桀是个暴君,他和奴隶主贵族残酷压迫人民,给自己建造宫殿,过着荒淫奢侈的生活。商汤看到夏桀十分腐败,决心消灭夏朝。商汤和伊尹商量灭夏。伊尹说:“现在夏桀还有力量,我们先不去朝贡,试探一下,看他怎么样。”商汤按计行事,夏桀大怒,命九夷发兵攻打商汤,商汤便又恢复进贡。过了一年后,九夷中的一些部落忍受不了夏朝的压榨勒索,逐渐叛离夏朝,汤认为时机已到,才决定向夏朝进攻。夏商两军在鸣条一战,夏桀军队被打败了。最后夏桀逃到南巢并死在那里。

【课后思考】

夏朝灭亡,是妺喜的原因吗?

zhōu wǔ wáng shǐ zhū zhòu bā bǎi zǎi zuì cháng jiǔ

周武王 始诛纣 八百载 最长久

【注释】

1. **周武王**:周文王的儿子。

2. **诛**:诛杀。

【译文】

周武王起兵讨伐商纣王,结束了夏朝的统治,周朝一共经历了八百年,是历史上统治时间最长的一个朝代。

【知识拓展】

武王伐纣

商纣王是商朝的最后一个君王,他荒淫无道,暴虐无常,百姓们流离失所。这时,西部的一个部落周在首领周文王的英明领导下,正慢慢兴盛起来。

后来,文王的儿子周武王起兵攻打商朝,兵马很快前进到离商朝都城朝歌才七十里的牧野。周武王在这里举行誓师大会,列举了商纣王残害人民的一系列罪状,得到了商朝百姓的拥护。

商纣王听到周武王进军牧野的消息,赶紧停止玩乐,召集大臣商议对策。但当时他的

军队都不在都城，没法立刻赶回来，不能救都城之急。纣王只好把奴隶和俘虏集结起来，凑成了七十万人前去对抗周武王的大军。但这些奴隶和俘虏都受够了纣王的残暴，他们一到牧野，刚与周武王的军队相遇，就掉头向纣王发起进攻。纣王被打得大败，只得逃回朝歌。商纣王知道败局已经无法挽回，于是放了一把火，跳进火堆中自杀了。

周武王占领朝歌，建立了周朝。武王尽心尽力地治理国家，百姓们得以安定地生活。

姜太公钓鱼

商纣王无道，周文王图谋有朝一日推翻商纣取而代之。他多方招揽贤人，却很长时间没有得到。一天他在渭水河边看见一位白发老叟坐在河边悠闲垂钓。他惊奇地发现这老叟的鱼钩是直的，上面居然没有鱼饵。文王好奇地问：“你这种钓法怎么会钓到鱼呢？”老叟回头看了看文王意味深长地说：“别看这鱼钩离奇，但愿者上钩嘛。”原来这人就是鼎鼎大名的姜子牙。文王向他虚心请教了治国平天下的良策。姜子牙徐徐道来，说得他心悦诚服，立刻用车载着姜子牙回到了都城兴奋地说：“当年我的先君太公在世的时候就曾说将来一定会有圣贤之人到周来辅佐我，太公盼望你好久了。”于是又给姜子牙起了个别称叫“太公望”。姜子牙本姓姜，因封于吕地，因此又叫吕尚武或吕望。文王遇到他的那年，他已经七十岁了。又因为他的别称叫“太公望”，因此后世又称他为“姜太公”。文王问姜子牙：“怎么样才能得到天下呢？”姜子牙说：“王者之国使人民富裕，霸者之国使士富裕，仅存之国使大夫富裕，无道之国国库富裕，这叫作上溢而下漏。”文王马上让人打开粮仓赈济穷人，于是百姓欢欣鼓舞，周日益强盛。

【成语名言】

宁可直中取，不可曲中求。

——《封神演义》

【课后思考】

周朝能成为中国历史上统治时间最长久的一个朝代，你觉得主要原因是什么？

zhōu zhé dōng　wáng gāng zhuì　chěng gān gē　shàng yóu shuì

周辙东　王纲坠　逞干戈　尚游说

shǐ chūn qiū　zhōng zhàn guó　wǔ bà qiáng　qī xióng chū

始春秋　终战国　五霸强　七雄出

【注释】

1. **周辙东**：指周王朝将国都向东迁徙到洛邑。
2. **王纲**：王朝统治的制度。
3. **逞**：显示，炫耀。
4. **尚**：崇上。
5. **春秋**：指春秋时期。
6. **战国**：指战国时期。
7. **五霸**：春秋时期称霸的五位君主。
8. **七雄**：战国时期实力较强的七个诸侯国。

【译文】

周王朝向东迁徙到洛阳后，王朝的统治开始慢慢衰弱，朝政开始变得混乱，各路诸侯国都炫耀武力，争夺地盘，当时的政客们开始离开周朝，投靠各个诸侯国，为他们出谋划策。东周从春秋开始，到战国结束，春秋时期主要出现了五位争夺霸主地位的诸侯国君主，战国时期主要有七个割据称雄的诸侯国。

【知识拓展】

曹刿论战

鲁庄公十年春天，齐国军队攻打鲁国。鲁庄公准备应战。曹刿请求拜见。他的同乡说：“这些都是得高官厚禄的人的事，你为什么要参与呢？”曹刿说：“有权势的人目光短浅，缺少见识，不能深谋远虑。”于是上朝去拜见鲁庄公。曹刿问：“您凭什么应战呢？”庄公说：“衣服、食品这些东西，我不敢独自专有，一定拿

它来分给一些臣子。”曹刿回答说:“小恩小惠没有遍及于老百姓,老百姓是不会听从的。”庄公说:“用来祭祀的牛、羊、猪、玉器和丝织品,我不敢虚报,一定凭着一片至诚告诉神。”曹刿回答说:“这点儿小诚意,不能被神信任,神不会赐福的。”庄公说:“轻重不同的案件,我即使不善于明察详审,一定依据实情处理。”曹刿回答说:“这是尽了本职的事情,可以凭借这个条件打一仗。要打仗,请允许我跟随着去。”

庄公同他共坐一辆战车。鲁国和齐国的军队在长勺开战。庄公打算击鼓命令进军。曹刿说:“不行。”齐国军队敲了三次鼓。曹刿说:“可以进攻了。”齐国的军队大败。庄公准备驱车追去。曹刿说:“不行。”于是观察齐军车轮留下的痕迹,又登上车前的横木瞭望齐军,说:“可以了。”然后才追击齐国军队。

战胜了齐国军队后,庄公问他这样做的原因。曹刿回答说:“作战是靠气势的。第一次击鼓振作了气势,第二次击鼓气势低落,第三次击鼓气势就没了。他们的气势消失了,我军的气势正旺盛,所以战胜了他们。齐国是大国,难以预料,怕有伏兵埋伏。我看他们的车轮痕迹混乱,望见他们的旗帜倒下,所以才追击齐军。”

【成语名言】

一鸣惊人

一鼓作气

【课后思考】

说出春秋五霸和战国七雄的具体所指。

yíng qín shì　shǐ jiān bìng　chuán èr shì　chǔ hàn zhēng
嬴秦氏　始兼并　传二世　楚汉争

【注释】

1. 嬴秦氏:指秦国国君嬴政,也称秦始皇。
2. 兼并:吞并。
3. 传:传位。
4. 楚汉:指楚霸王项羽和汉王刘邦。

【译文】

秦国的嬴政登上帝位后,开始兼并六个诸侯国,统一了中国。不过秦国的帝位只传到秦始皇的儿子秦二世,西楚霸王项羽和汉王刘邦就开始相互夺取,重新争夺天下。

【知识拓展】

楚汉之争

秦朝末年,在全国各地的起义军中,项羽凭借军事上的绝对优势,自封西楚霸王,地位相当于皇帝,另外封刘邦为汉王,算是一个诸侯王。这让刘邦很不服气,但考虑到当时还没

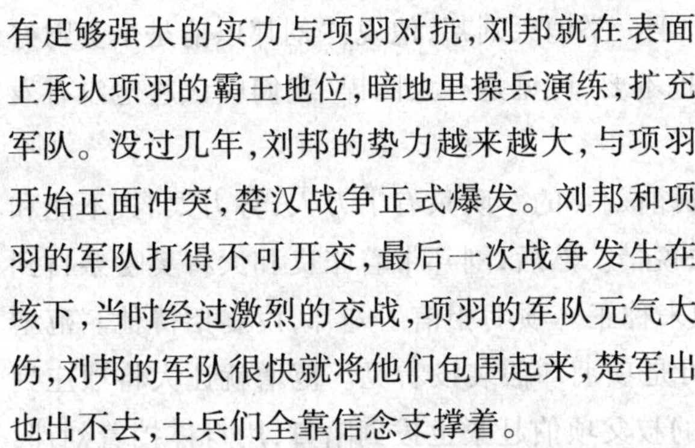

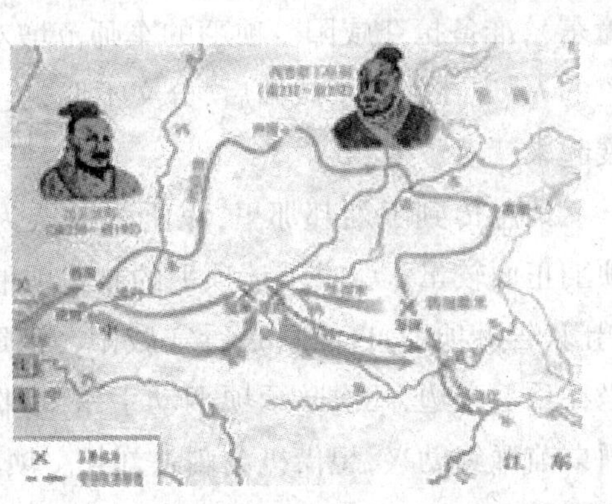

有足够强大的实力与项羽对抗,刘邦就在表面上承认项羽的霸王地位,暗地里操兵演练,扩充军队。没过几年,刘邦的势力越来越大,与项羽开始正面冲突,楚汉战争正式爆发。刘邦和项羽的军队打得不可开交,最后一次战争发生在垓下,当时经过激烈的交战,项羽的军队元气大伤,刘邦的军队很快就将他们包围起来,楚军出也出不去,士兵们全靠信念支撑着。

为了彻底打败项羽,刘邦的手下韩信让汉军在夜里唱楚国家乡的歌曲。楚军多数是楚地人,一听到四面都是悲伤的楚歌,以为刘邦占领了自己的家乡,抓了很多楚人做俘虏。楚军的思乡之情突然被唤起,军心大乱,斗志都没了。第二天,项羽带着剩下的士兵向外突围,刘邦哪里肯放过他们,赶紧派兵追上去。项羽的部队在逃跑的时候迷路了,最终被刘邦的军队追上。项羽退到乌江边上,这时候有个人摇着艘小船过来,让项羽坐船离开。可是项羽想,自己带了几千人出来打天下,现在战败,只剩自己一个人回去,哪有脸见自己的乡亲们啊?于是他说了一句“无颜见江东父老”后,在乌江边拔剑自杀。

鸿门宴

公元前221年,中国历史上第一个统一的封建王朝秦朝建立。由于秦的统治者倒行逆施、残酷剥削人民,致使民不聊生,起义不断爆发。在众多起义队伍中,有两支起义军迅速壮大,一支起义军由楚地大将项羽率领,另一支起义军的首领则是秦国的一个低等官僚刘邦。

项羽性格高傲、刚愎武断,但是他英勇善战,威名远扬;刘邦性格狡诈,却善于用人。项羽和刘邦在抗秦的战争中,结为联盟,互相援助,彼此势力越来越强大。项羽和刘邦约定,如果谁先攻入秦的都城咸阳,谁就可以称王。

公元前207年,项羽在巨鹿打败秦朝主力大军,而这时,刘邦已经率军攻破了秦都城咸阳。刘邦听从谋士劝谏,将军队安置在咸阳附近的霸上,没有进入咸阳。他封闭秦王宫殿、钱库等重地,并且安抚咸阳百姓。老百姓看见刘邦待人宽容、军纪严肃,非常高兴,都希望刘邦当秦王。

项羽知道刘邦先进了咸阳,非常愤怒,率领四十万大军进驻咸阳附近的鸿门(今陕西临

潼东),准备抢夺咸阳。项羽的军师范增劝项羽一举消灭刘邦,他说:“刘邦以前是个贪财好色的人,现在他进了咸阳后,分文不取,美女也不要,可见是有大图谋,我们应该趁他没有发展起来就杀了他。”

消息传到了刘邦那里,谋士张良认为,目前刘邦的军队只有十万人,势力太弱,不能和项羽正面较量。张良就请项羽的叔父项伯去说情。然后,刘邦带着张良和大将樊哙亲自到鸿门,告诉项羽,自己只是看守咸阳,等项羽来称王。项羽相信了刘邦,设宴招待他。范增坐在项羽旁边,几次暗示项羽动手杀刘邦,可是项羽却假装没看见。范增就让大将项庄到酒桌前舞剑助兴,想借机会刺杀刘邦。项羽的叔父项伯赶紧也拔剑陪舞,用身体挡着刘邦,暗中保护他,项庄一直没有得手。张良一看情况紧急,赶紧出去召唤刘邦的大将樊哙。樊哙立刻手持盾牌和利剑,直接闯入军帐,斥责项羽说:“刘邦攻下咸阳,没有占地称王,却回到霸上,等着大王你来。这样有功的人,不仅没有得到封赏,你还听信小人的话,想杀自己兄弟!”项羽听了,心中惭愧。刘邦乘机假装上厕所,带着随从跑回霸上自己的军营中。谋士范增看见项羽优柔寡断,放跑了刘邦,非常生气,说:“项羽真是不能成大事!看着吧,将来夺取天下的一定是刘邦。”

这就是中国历史上有名的“鸿门宴”,当时项羽依仗自己势力强大,轻信刘邦,使刘邦得以逃脱。后来,项羽自立为“西楚霸王”,相当于皇帝,他封刘邦到偏僻地区当“汉王”,只相当于诸侯。不久,刘邦趁着项羽出兵攻打其他诸侯时,攻占了咸阳。于是,项羽、刘邦就展开了长达四年的“楚汉战争”。楚军在兵力上占很大优势,多次击败汉军,但是项羽性情残暴,统率的部队杀人放火,失去民心,楚军逐渐由强变弱。而刘邦注意收揽民心,善于用人,势力逐渐强大,终于反败为胜。

公元前202年,刘邦率领汉军在垓下(今安徽灵璧南)包围楚军。项羽突围后,被汉军追击,被迫自尽。于是刘邦称帝,建立了中国历史上第二个统一的封建王朝——汉朝。

垓下歌

力拔山兮气盖世,时不利兮骓不逝。

骓不逝兮可奈何,虞兮虞兮奈若何?

【课后思考】

刘邦能够在楚汉之争中最后获胜,你觉得最重要的原因是什么?

gāo zǔ xīng　hàn yè jiàn　zhì xiào píng　wáng mǎng cuàn

高祖兴　汉业建　至孝平　王莽篡

【注释】

1. 高祖:指汉高祖刘邦。

2. **汉业**:汉王朝的帝业。

3. **孝平**:西汉末年汉平帝。

4. **王莽**:西汉时期的一位重臣,后自立为皇帝,改国号为新。

5. **篡**:夺取。

【译文】

汉高祖刘邦击败项羽,取得了楚汉之争的最后胜利,建立了汉王朝。汉朝传位到汉平王的时候,王莽篡位,夺取了天下。

【知识拓展】

王莽篡位

西汉末年,朝廷的大权逐渐落在外戚的手中。王莽就属于这类人,但他不像其他子弟那样骄奢淫逸,而是给人留下简朴、谦虚的印象。后来王莽做了大官,但仍和从前一样待人温和,彬彬有礼。即使自己的儿子犯了罪,他也依照法律进行处罚。因此,王莽得到了大家的拥护。然而,一旦大权到手,王莽就变了脸色。他指使下属编造一些神话,说他将会做皇帝,然后逼皇后交出玉玺,并强行废掉了小皇帝。公元8年,王莽正式称帝,改国号为“新”。刘邦建立的西汉王朝从此灭亡。

【课后思考】

对王莽的所作所为,你怎么看?

guāng wǔ xīng　wéi dōng hàn　sì bǎi nián　zhōng yú xiàn

光武兴　为东汉　四百年　终于献

【注释】

1. **光武**:指汉朝光武帝刘秀。

2. 终于:终结于。

【译文】

汉光武帝刘秀起兵复兴汉王朝,光武帝之后的汉朝称为东汉。汉朝一共经历了四百多年,最后在汉献帝的时候灭亡。

【知识拓展】

光武中兴

汉光武帝统治时,调整了统治政策,使在他统治十多年以后,全国出现了较为安定的局面,历史上称为"光武中兴"。

光武帝

刘秀统治时期,以"柔道"治天下,采取一系列措施,恢复、发展社会生产,缓和西汉末年以来的社会危机。建武二年至十四年颁布六道释放奴婢诏令。建武十一年,连下三次诏令,规定杀奴婢者不得减罪,炙灼奴婢者依法治罪,免被炙灼的奴婢为庶人,废除奴婢射伤人处极刑的法律。恢复西汉较轻的田税制,实行三十税一。遣散地方军队,废除更役制度,组织军队屯垦。简政减吏,裁并四百多县。放免刑徒为庶民,用于边郡屯田。建武十五年,下令度田、检查户口,加强封建国家对土地和劳动力的控制。加强中央集权,对功臣赐优厚的爵禄,但禁止他们干政;排斥三公,加重原在皇帝左右掌管文书的尚书之权,全国政务经尚书台总揽于皇帝,在地方上废除掌握军队的都尉。种种措施,使东汉初年出现了社会安定、经济恢复、人口增长的局面,史称"光武中兴"。

【课后思考】

刘秀靠哪次战役奠定了光复汉朝江山的基础?

wèi shǔ wú　zhēng hàn dǐng　hào sān guó　qì liǎng jìn

魏蜀吴　争汉鼎　号三国　迄两晋

【注释】

1. **魏蜀吴**:指三国时期的魏国、蜀国和吴国。

2. **汉鼎**:指汉朝的国家政权。鼎,古代曾用鼎作为国家政权的象征,用鼎比喻王位、帝业。

3. **迄**:到,至。

【译文】

东汉结束后,魏国、蜀国、吴国开始争夺汉王朝的天下,那个时期称为"三国",这段历史一直延续到两晋时期。

【知识拓展】

桃园结义

东汉末年，天下大乱。朝廷发布文告，招兵买马。榜文到涿县，引出了三位英雄：刘备、张飞、关羽。三位英雄都想为国出力，于是他们边喝酒边抒发自己的志向，谈得十分投机。隔日，三人来到张飞庄后的桃园，点燃香烛，拜告天地，结为兄弟。按年龄刘备为大哥，关羽为二哥，张飞为三弟。并发誓“同心协力，报效国家”。此后，三人果然干出了一番惊天动地的事业。

赤壁之战

东汉末年，曹操率领八十万大军南下，想占领东吴。周瑜调兵到赤壁，与曹军隔江相对。曹军是北方人，坐不惯船。曹操就叫人把船连起来，船稳了，等士兵练好水上打仗，就渡江。周瑜的手下黄盖说：“敌军多，我军少，相持太久，对我军不利。我看他们连着船，用火攻就可以胜利。”周瑜听了决定让黄盖向曹操假降。黄盖写信，说周瑜兵少，注定要失败，他愿投降曹操。曹操十分高兴。一天，东南风很急，黄盖的船驶向北岸，曹操见了，以为真的来投降，高兴得不得了，没防备。船上都是易燃材料，当船接近曹军时，黄盖命士兵点了火，然后上了小船，让火船冲入曹军。曹军的船一时分不开，人马死伤无数。士兵无心应战，曹操只得狼狈逃跑。

赤壁之战中，曹操自负轻敌，指挥失误，加之水军不强，终致战败。孙权、刘备在强敌面前，冷静分析形势，结盟抗战，扬水战之长，巧用火攻，创造了中国军事史上以弱胜强的著名战例。

赤壁大战后，刘备乘胜取得武陵、长沙、桂阳和零陵等四郡，次年又任荆州牧，奠定了壮大发展、进据益州的基础。曹操吸取失败教训，大兴水军，进控江淮，与孙权对峙。孙权为抗曹，继续与刘备联盟，任其在荆州发展。三国鼎立格局逐渐形成。

【成语名言】

狗尾续貂

问鼎中原

【课后思考】

你还知道三国时期的哪些故事?

sòng qí jì　liáng chén chéng　wéi nán cháo　dū jīn líng

宋齐继　梁陈承　为南朝　都金陵

【注释】

1. 宋、齐:均为南朝的国号。下句中的梁、陈也是南朝的国号。

2. 都:定都。

3. 金陵:今江苏南京。

【译文】

晋朝之后,长江以南先后出现了宋、齐、梁、陈四个朝代,后人将这段历史称为南朝,它们都定都在金陵。

【知识拓展】

梁武帝的故事

梁武帝萧衍是个虔诚的佛教徒,他很喜欢寻找那些修佛高人。当时有个叫榼头的僧人,修禅非常精进,很有神通,梁武帝非常敬佩他,想见见他,就派人下诏书请他来晋见。榼头来的时候,梁武帝正在专心地下棋。使者连接禀报了三次,梁武帝都没有听见。他正想杀掉对方一颗棋子,便大声说道:“杀掉!”使者以为要杀榼头,马上就把榼头推出去杀了。

等这盘棋下完了,梁武帝才想起来,就说:“叫榼头法师进来。”使者回答道:“刚才陛下下令杀掉,臣已经奉命把他杀了。”武帝大惊,这才明白是下棋时的无心之过,于是就问:“他临死前有没有说什么话?”

使者说:“法师讲:‘贫僧无罪。我在很多世以前,是个农夫,有一次用铁锹挖地时,误杀了一条蚯蚓。皇上正是当时的那条蚯蚓,所以现在我遭到了报应。’”梁武帝听后,流下了悔恨的眼泪。

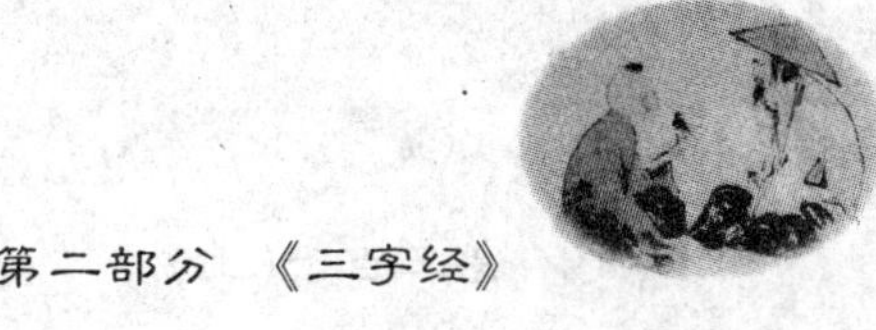

江郎才尽

南北朝时，有个人叫江淹。他小的时候聪明好学，可是家里很穷，连学习用的笔墨纸砚都买不起。但是，他还是发愤读书，刻苦学习。几年后，他不仅练出一手好书法，而且文章、诗词写得也很出色。

江淹历经宋、齐、梁三朝，入齐以后仕途渐渐通达。他相继做了尚书驾部郎、骠骑参军、中书侍郎，最后甚至官至金紫光禄大夫。尽管他的官越做越大，可是他的文才却越来越不行了，常常提起笔半天也写不出什么来。

当时，有人传说，有一天傍晚，江淹在凉亭里作诗，写着写着就睡着了。睡梦中，梦见晋朝大诗人郭璞对他说："江郎兄，我有支五色笔放在你那儿已经很久了，现在该还给我了。"江淹无奈，从怀中掏出五色笔还给了郭璞，从此以后，江淹文思枯竭，再也写不出优美的诗句了。

后来，人们就用"江郎才尽"比喻文思减退或写不出诗文。

【课后思考】

南朝时期有哪些历史名人？

bĕi yuán wèi　fēn dōng xī　yǔ wén zhōu　yǔ gāo qí

北元魏　分东西　宇文周　与高齐

【注释】

1. **北**：北朝。

2. **分**：分裂。

3. **宇文周**：指北周，因创建皇室姓宇文，所以也称为宇文周。

4. **高齐**：指北齐，由高氏所建。

【译文】

北朝的北魏兴起，后来分裂为东魏和西魏。西魏被宇文氏建立的北周取而代之，东魏被高氏建立的北齐所灭。

【知识拓展】

北魏孝文帝改革

北魏孝文帝年轻时就读过很多书，见识广泛，他知道要巩固北魏的统治，一定要吸收中原先进文化，对鲜卑族落后的风俗进行改革。

但是改革谈何容易，当时北魏的国都在平城，土地贫瘠，连基本的食物和生活物资都要从中原地区获得，在军事上又受着北方外族的威胁。孝文帝想，要想实现改革，还是要先把国都迁到洛阳去比较合适。

孝文帝经过一番周折，终于把国都迁到了洛阳，之后他马上就开始了以汉化为中心的改革。

孝文帝先后出台了改革措施。他规定官员和百姓一律改穿汉服；禁止说鲜卑语，都改说汉语；将鲜卑族的复姓改为汉姓，皇族原来姓拓跋，改为姓元。孝文帝还在官制、法律、礼仪和典章等方面进行了改革，建立起一个比较完备的国家管理系统。

通过改革，北魏形成了一个相对稳定的政治局面，促进了鲜卑族与汉族的融合，经济、文化等方面都得到了很大发展。

【成语名言】

一笑相倾国便亡，何劳荆棘始堪伤。小怜玉体横陈夜，已报周师入晋阳。

——李商隐《北齐》

【课后思考】

北魏是怎么分裂成两个部分的？

dài zhì suí　yī tǔ yǔ　bú zài chuán　shī tǒng xù

迨至隋　一土宇　不再传　失统绪

【注释】

1. **迨至**：到，等到。

2. **一土宇**：指统一全国。一，统一。土宇，国家。

3. **不再传**：隋朝到第二个皇帝隋炀帝的时候就灭亡了。再，第二次。传，传位，继承。

4. **统绪**：政权统治，这里指王位的传承。

【译文】

到了隋朝，天下又统一了起来，但是隋朝的帝位没传过两代就灭亡了。

【知识拓展】

开皇之治

开皇之治是隋文帝在位时开创的，当时国家富庶、人民安居乐业、政治安定。隋文帝杨坚倡导节俭，节省不少开支，废除了不必要的杂税，并设置谷仓储存粮食。隋文帝开皇元年（581 年）有户 3 599 000，到隋世祖大业五年（609 年），有户 8 907 536，有口 46 019 956。唐太宗贞观十一年（637 年），当时隋王朝已灭亡二十年，监察御史马周对唐太宗说："隋家储洛口，而李密因之；西京府库，亦为国家之用，至今未尽。"唐高祖武德五年（622 年）有户口 219 万，唐太宗贞观十三年（639 年）有户 304 万，到唐高宗永徽三年（652 年），户口才有 380 万，还不到隋朝极盛时的二分之一。由此可见隋朝的富庶与强盛。杨坚成功地统一了历经数百年严重分裂后的中国，从此中国在大多数的世纪里都保持着他所建立的政治统一。

【课后思考】

隋朝为什么会如此命短呢？

táng gāo zǔ　qǐ yì shī　chú suí luàn　chuàng guó jī

唐高祖　起义师　除隋乱　创国基

【注释】

1. **唐高祖**：指李渊，唐朝的开国皇帝。
2. **起**：起兵。
3. **除**：清除，去掉。
4. **创**：创建，创立。

【译文】

唐高祖李渊率领正义的军队，消除了隋朝末年混乱的局势，开创了大唐王朝的国家基业。

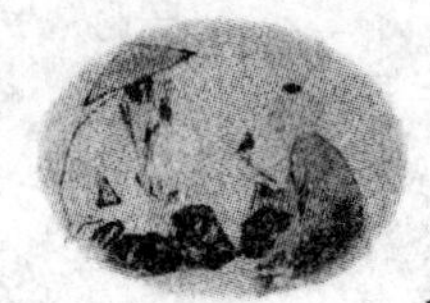

【知识拓展】

玄武门之变

617年,李渊在李世民支持下在太原起兵反隋,并很快占领长安。618年,隋炀帝被杀之后,李渊建立唐朝,并立世子李建成为太子。作为长子,李建成在唐王朝没成立之前所立下的功勋是卓著的。如果李渊没有李建成,就很难成为唐高祖,有了李建成才有了后来的大唐帝国。李渊先让李建成和李世民分别于河东和晋阳密结各路英雄,收罗人才以备起兵。当时李世民不到二十岁,阅历不如李建成,性格更不如李建成仁厚,所以李渊就把宝押在河东李建成的身上,李建成在河东独当一面,并参与了太原起兵密反。617年,李渊砍掉太原副留守的脑袋,宣布起兵反隋。从太原起兵到攻占长安,经历了多次惨烈的战役。其中决定性的战役总指挥都是李建成。但天下平定后,李世民指挥了几次讨伐,武德三年到武德七年,李世民功名日盛,而李建成主内,在辅佐李渊处理军国大事,李渊外出,李建成要据守国都。也正因此,李世民收买大臣,在李渊耳边吹风,李建成实际上已经是准皇帝了,李世民收买的大臣只会吹李世民东征西讨之功。李建成在辅佐李渊的同时也进行了几次行动。只不过李世民在台前,李建成在幕后。李渊也没有好的办法解决兄弟二人之间的矛盾。

武德九年六月四日,李渊决定次日询问二人。李建成得知情况,决定先入皇宫,和李世民对质。在宫城北门玄武门的执行禁卫总领常何本是太子亲信,却被李世民策反。六月四日,秦王亲自带一百多人埋伏在玄武门内。李建成和李元吉一同入朝,待走到临湖殿,发觉不对头,急忙拨马往回跑。李世民带领伏兵从后面喊杀而来。李元吉情急之下向李世民连射三箭,无一射中。李世民一箭就射死李建成,尉迟敬德也射死李元吉。东宫的部将得到消息前来报仇,和秦王的部队在玄武门外发生激烈战斗,尉迟敬德将二人的头割下示众,李建成的兵马才不得已散去。之后,尉迟敬德身披铠甲“保护”唐高祖李渊,将事情经过上奏。三天后,李世民被立为皇太子,诏曰:“自今军国庶事,无大小悉委太子处决,然后闻奏。”两个月后,李渊退位,李世民登基。

【课后思考】

李世民是如何当上皇帝的?

èr shí chuán　sān bǎi zǎi　liáng miè zhī　guó nǎi gǎi

二十传　三百载　梁灭之　国乃改

【注释】

1. **二十传**：指唐朝一共传了二十个皇帝。

2. **梁**：国号，指后梁。

3. **国**：国号。

【译文】

唐朝一共传承了20位帝王，经历了300年的历史。最后，后梁王朝将唐朝消灭，国号才发生改变。

【知识拓展】

贞观之治

“贞观之治”是指唐太宗在位期间的清明政治。唐太宗继承唐高祖李渊既定的尊祖崇道国策，并进一步将其发扬光大，运用道家思想治国平天下，取得天下大治的理想局面。期间，唐太宗能任人廉能，知人善用；广开言路，尊重生命，自我克制，虚心纳谏；并采取了以农为本、厉行节约、休养生息、文教复兴、完善科举等政策，使得社会出现了安定的局面。并大力平定外患，尊重边族风俗，稳固边疆。当时年号为“贞观”，故史称“贞观之治”。这是唐朝的第一个治世，同时为后来的开元之治奠定了厚实的基础。

开元之治

开元之治是唐玄宗李隆基统治前期所出现的盛世。唐玄宗在位44年,在前期(713—741年),唐玄宗起用贤臣,虚怀纳谏,政治清明,制定官吏的迁调制度,改革吏制,并大力发展经济,提倡文教,发展外交,使得天下大治,政局稳定,经济繁荣,文化昌盛,国力富强,唐朝进入全盛时期,并成为当时世界上最强盛的国家,又称“开元盛世”。

安史之乱

安史之乱是唐玄宗、唐肃宗时边镇守将安禄山、史思明掀起的反唐叛乱,也是唐朝由盛而衰的转折点。

开元后期,由于安定繁荣的日子已久,唐玄宗逐渐丧失了以前那种励精图治的精神。改元天宝后,他纵情享乐,宠爱杨贵妃,信任宦官高力士,把朝政全交给宰相李林甫处理。李林甫对玄宗事事逢迎,私下却利用职权,专横独断。李林甫死后,杨贵妃的堂兄杨国忠继任宰相,更是排斥异己,贪污受贿,使政治日益腐败。加上当时土地兼并剧烈,贫富悬殊严重,政治、经济和社会渐呈衰败之象。

唐玄宗因对外开拓,在边境驻以重兵,设立十大兵镇,以节度使为最高军事长官。节度使统领若干州,权力很大,开始时由中央派大臣充任,立功后往往入朝拜相。天宝以后,李林甫为了巩固本身权位、堵塞边帅入相的路径,借口文官不懂军事,多用胡人担任节度使,结果给胡人节度使安禄山提供了起兵反唐的机会。

安禄山本是混血胡人,貌似忠诚,生性狡诈。由于得到唐玄宗和杨贵妃的欢心,身兼范阳、河东和平卢三镇节度使。安禄山见唐室政治腐败,武备废弛,便于公元755年,以讨杨国忠为名,自范阳率兵南下,很快就攻占了洛阳,自称大燕皇帝。第二年,唐军在潼关溃败,安禄山便长驱直入攻入长安。唐玄宗匆忙南逃,走到马嵬驿(今陕西兴平),随行的将士在愤怒中杀死了杨国忠,又逼玄宗绞杀杨贵妃,才肯继续起行,南下至四川。同时,太子李亨逃往灵武(今宁夏境内),在郭子仪、李光弼等一班西北将领的支持下继位,是为唐肃宗。

后来叛军内部发生分裂,安禄山为儿子安庆绪所杀。唐军联同回纥援兵乘机反攻,收复了长安和洛阳。不久安禄山部将史思明杀安庆绪,重新攻陷洛阳,也称大燕皇帝,后又被儿子史朝义杀害。于是唐朝再借回纥兵,收复洛阳,史朝义自杀,这场持续了八年的安史之乱才告结束。

【成语名言】

道路相望

君,舟也;民,水也。水能载舟,亦能覆舟。

——李世民

【课后思考】

唐玄宗对杨贵妃的宠爱为什么会导致盛唐衰落?

liáng táng jìn　jí hàn zhōu　chēng wǔ dài　jiē yǒu yóu

梁唐晋　及汉周　称五代　皆有由

【注释】

1. **梁**:国号,指后梁。
2. **汉**:国号,指后汉。
3. **皆**:全,都。
4. **由**:理由,原因。

【译文】

后梁、后唐、后晋、后汉及后周这五个朝代被称为五代,他们的朝代更替都是有缘由的。

【知识拓展】

儿皇帝石敬瑭

唐末五代是一个叛变的时代。朱温先是叛变黄巢,投降唐朝,被赐名朱全忠,与沙陀贵族李克用等协同镇压黄巢起义。后又叛变唐朝,自立后梁。李嗣源本来还不想背叛晋王李存勖,但被他的女婿石敬瑭说动,背叛和消灭李存勖后,自立后唐。之后石敬瑭背叛后唐,后唐派兵讨伐,石敬瑭被围,向契丹求援,九月契丹军南下,击败唐军。石敬瑭在十一月受契丹册封为大晋皇帝,认契丹主为父。石敬瑭灭后唐后,按约定将燕云十六州献给契丹,使中原地区丧失了北方屏障,另外每年纳岁绢三十万匹,并称比他小10岁的辽太宗耶律德光为“父皇帝”,称自已为“儿皇帝”。石敬瑭靠契丹的保护,做了七年“儿皇帝”后病死。

【成语名言】

方其盛也,举天下之豪杰,莫能与之争;及其衰也,数十伶人困之,而身死国灭,为天下笑。

——欧阳修

【课后思考】

石敬瑭的那位契丹父亲到底是个什么样的人?

yán sòng xīng　shòu zhōu shàn　shí bā chuán　nán běi hùn

炎宋兴　受周禅　十八传　南北混

【注释】

1. **炎宋**:古人用五行的转换来解释朝代的更替,当时的宋朝属于火德,所以称为炎宋。炎,火光上升。

2. **受周禅**:指宋太祖接受后周禅让出来的帝位。受,接受。

3. **十八传**:指宋代一共经历了十八位帝王。

4. **混**:共同。

【译文】

宋太祖接受后周的禅让,炎宋兴起。宋朝分为南宋和北宋,一共经历了十八位帝王。

【知识拓展】

陈桥兵变

后周显德六年,后周世宗柴荣病死,只有七岁的恭帝继位,当时的政治更加不稳定。后周显德七年正月初一,忽然传来辽国联合北汉大举入侵的消息。当时符太后主政,毫无主见,听说此事,茫然不知所措,于是向宰相范质求救。范质心想朝中大将只有赵匡胤才是最佳人选,不料赵匡胤却以兵少将寡为理由,推脱不能出战。范质只好委赵匡胤最高军权,全国兵马都在他的调动范围之内。随后,赵匡胤统率大军出了东京城(今河南开封),行军至陈桥驿(今河南封丘东南陈桥镇)时,东京城内起了一阵谣传,说赵匡胤将做天子,这个谣言不知是何人所传,但多数人不信,朝中文武百官也都听说,虽不敢相信,但已慌作一团。赵匡胤此时虽不在朝中,但东京城内所发生的一切他都了如指掌,而且这也是他的杰作。周世宗在位时,他正是用此计使驸马张永德被免去了殿前都点检的职务而由他接任。赵匡胤知道皇帝的心理,就怕自己的江山被人夺走,所以他们的疑心很重。这次故技重施,是为了造成朝廷的慌乱,并使他的军队除了绝对听命于他外,别无他路。而就在陈桥驿,赵匡胤

的弟弟赵匡义(即后来的宋太宗赵光义)和归德军掌书记赵普授意将士把黄袍加在赵匡胤身上,拥立他为皇帝。正月初四,赵匡胤率军回师开封,逼使恭帝禅位,轻易地夺取了后周政权,改国号为"宋",建立了赵宋王朝。

杯酒释兵权

北宋初期,为了加强中央集权,同时也避免将领也"黄袍加身",篡夺自己的政权,赵匡胤在一次酒宴中发表意见,以威逼利诱的方式,要求高阶军官们交出兵权。杯酒释兵权只是宋太祖为加强皇权、巩固统治所采取的一系列政治、军事改革措施的开始,其后还在军事制度方面进行了多项改革。"杯酒释兵权"作为一个成语,逐步引申为泛指轻而易举地解除将领的兵权。

靖康之耻

靖康二年四月,金军攻破东京(今河南开封),除了烧杀抢掠之外,更俘虏了宋徽宗、宋钦宗父子以及大量赵氏皇族、后宫妃嫔与贵卿、朝臣等共三千余人北上金国,东京城中公私积蓄为之一空,史称靖康之乱、靖康之难、靖康之祸或靖康之耻。靖康之耻导致北宋的灭亡,南宋大将岳飞在《满江红》中提到:"靖康耻,犹未雪,臣子恨,何时灭!"

【成语名言】

烛影斧声

开卷有益

宰相须用读书人。

——赵匡胤

靖康耻,犹未雪。臣子恨,何时灭!

——岳飞《满江红》

【课后思考】

赵匡胤的死究竟是怎样一个历史疑案呢?

liáo yǔ jīn　dì hào fēn　dài miè liáo　sòng yóu cún

辽与金　帝号纷　迨灭辽　宋犹存

【注释】

1. **辽**:辽国,公元907年,契丹族耶律阿保机建立契丹国,938年契丹改国号为辽。

2. **纷**:众多。

3. **迨**:到,等到。

4. **犹**:依然,仍然。

【译文】

北方的辽国和金国,纷纷建国称帝,有好几代君主。后来到辽国灭亡,宋朝依然存在。

【知识拓展】

精忠报国

北宋末年,女真族建立金国,直接威胁北宋的生存。岳飞的母亲在岳飞的背上刻下"精忠报国"四个大字,送十九岁的岳飞参军。岳飞在抗金年的战斗中,打了许许多多胜仗,让金兵闻风丧胆。北宋灭亡后,他继续坚持抗金直到被害。

【课后思考】

宋、金、辽三个王朝到底是一种什么样的关系?

zhì yuán xīng　jīn xù xiē　yǒu sòng shì　yì tóng miè

至元兴　金绪歇　有宋世　一同灭

bìng zhōng guó　jiān róng dí　jiǔ shí nián　guó zuò fèi

并中国　兼戎狄　九十年　国祚废

【注释】

1. **元**:元朝,由蒙古人建立。

2. **金绪歇**:指金国的统治结束。金,金国。绪,功业。歇,停止,消失。

3. **灭**:消灭,灭亡。

4. **并**:吞并。

5. **兼**:兼并。

6. **国祚废**:这里指国家灭亡。祚,帝位。废,废弃。

【译文】

等到元朝兴起,金国的政权消失,和宋朝一起灭亡了。元朝吞并了中原地区,还消灭了西北多个少数民族,最后统一了中国。元朝一共存在九十几年,最后灭亡。

【知识拓展】

过零丁洋

辛苦遭逢起一经,干戈寥落四周星。
山河破碎风飘絮,身世浮沉雨打萍。
惶恐滩头说惶恐,零丁洋里叹零丁。
人生自古谁无死?留取丹心照汗青。

【课后思考】

蒙古人建立元朝以后,给中原的社会、经济和文化带来了哪些影响?

míng tài zǔ　jiǔ qīn shī　chuán jiàn wén　fāng sì sì
明太祖　久亲师　传建文　方四祀

qiān běi jīng　yǒng lè sì　dài chóng zhēn　méi shān shì
迁北京　永乐嗣　迨崇祯　煤山逝

【注释】

1. **明太祖**:指明朝的开国皇帝朱元璋。

2. **久**:长久,常年。

3. **传**:传位。

4. **方**:才。

5. **迁**:迁都。

6. **永乐**:明成祖朱棣,年号永乐。

7. **崇祯**:明朝末代皇帝明思宗,年号崇祯。

8. **煤山**:北京的景山。

【译文】

明太祖朱元璋长久以来都亲自率领军队南征北战,他把王位传给了自己的孙子建文帝,但建文帝只在位四年。明成祖继承王位后,将国都迁往北京,年号为永乐。明朝末代皇帝是崇祯帝,他在北京景山上自杀身亡。

【知识拓展】

明太祖朱元璋参加过元末农民起义,十分讨厌"贼""寇"等字眼,又因为他当过和尚,所以对"光""秃""僧"这些字都非常讨厌。有一次,杭州府学教授徐一夔在书上用"光天之下""天生圣人""为世作则"等语赞美朱元璋。朱元璋却牵强附会,硬认为"光"是指光头,"生"就是"僧",是在骂他当过和尚,"则"与贼近音,意在骂他是贼,竟下令把徐一夔杀了。

朱元璋统治时期,文士以表笺文字不当而罹罪者最多。按照明朝初年的习惯,每逢正旦,万寿节及册立东宫时,内外文武大臣都要献上表笺庆贺。而各级文武大臣娴于文辞者并不多,于是撰写贺表的任务一般都落在当地教官的身上。朱元璋既知文士有讪讥之好,故而对这些表笺格外在意。果然,一些表笺被他看出了"破绽",朱元璋毫不犹豫地亮出了屠刀。当时以表笺文字触犯忌讳者为数不少,而最多的是因为用了"则"字。当时的江淮方言,"则"与"贼"读音相似,朱元璋以为这是在讥讽他有落草为寇的经历。如浙江府学教授林元亮因所作《万寿增俸表》中有"作则垂宪"句被杀,北平府学训导赵伯宁因作《万寿表》中有"垂子孙而作则"被杀等。洪武三十年南北榜案中,考官因所进试卷中有"一气交而万物成"及"至尊者君,至卑者臣",被认为讥讽朝廷,有凶恶字而获罪。称为文字狱显然是过于勉强的。

郑和下西洋

郑和下西洋是指明成祖命太监郑和率领200多艘海船、2.7万多人远航西太平洋和印度洋拜访了30多个包括印度洋的国家和地区，曾到达过爪哇、苏门答腊、苏禄、彭亨、真腊、古里、暹罗、榜葛剌、阿丹、天方、左法尔、忽鲁谟斯和木骨都束等，最远曾达非洲东部红海、麦加，并有可能到过澳大利亚、美洲和新西兰、南极洲。加深了明王朝和南海（今东南亚）、东非的友好关系。

郑和的航行之举远远超过将近一个世纪后的葡萄牙、西班牙等国的航海家，如麦哲伦、哥伦布和达伽马等人，堪称是“大航海时代”的先驱，也是唯一的东方人。他早于迪亚士57年远赴非洲。郑和下西洋是中国古代规模最大、船只最多、海员最多、时间最久的海上航行，比欧洲多个国家航海时间早几十年，是中国明朝强盛的直接表现。

但是有人指出，郑和下西洋不以贸易获利为目的，但不能不计成本。七次下西洋给明朝财政造成巨大经济负担，随着国力衰退，航海的壮举必然随之悄然结束。

【课后思考】

朱元璋去世后把皇位传给了谁？后来明朝又为什么要迁都北京？

qīng tài zǔ　yīng jǐng mìng　jìng sì fāng　kè dà dìng

清太祖　膺景命　靖四方　克大定

zhì shì zǔ　nǎi dà tóng　shí èr shì　qīng zuò zhōng

至世祖　乃大同　十二世　清祚终

【注释】

1. **清太祖**：清朝开国皇帝，姓爱新觉罗，名努尔哈赤。
2. **膺**：受，接受。
3. **景命**：大命，上天赐予皇位之命。
4. **靖**：平定。
5. **克**：完成。
6. **世祖**：清世祖顺治帝，努尔哈赤的孙子。
7. **大同**：天下统一。

8. **十二世**:指清朝共传位十二位皇帝。

【译文】

清太祖努尔哈赤接受上天的任命,平定了四方,统一了女真族各部,奠定了清王朝统一大业的基础。到了清世祖顺治帝的时候,全国实现了真正的统一。经历了十二位帝王之后,清王朝的统治结束。

【知识拓展】

康熙平定三番

康熙帝亲自执政后,大力整顿朝政,奖励生产,惩办贪污,使新建立的清王朝渐渐强盛起来。当时,南明政权虽然已经灭亡,但是南方有三个藩王却叫康熙帝十分担心。

这三个藩王本来是投降清朝的明军将领,一个是引清兵进关的吴三桂,一个叫尚可喜,一个叫耿仲明。因为他们帮助清朝消灭南明,镇压农民军,清王朝认为他们有功,封吴三桂为平西王,驻防云南、贵州;尚可喜为平南王,驻防广东;耿仲明为靖南王,驻防福建,合起来叫作“三藩”。

三藩之中,数吴三桂势力最强。吴三桂当上藩王之后,十分骄横,不但掌握地方兵权,还控制财政,自派官吏,不把清政府放在眼里。

康熙帝知道要统一政令,三藩是很大的障碍,一定得找机会削弱他们的势力。正好尚可喜年老,想回辽东老家,上了一道奏章,要求让他儿子尚之信继承王位,留在广东。康熙帝批准尚可喜告老,但是不让他儿子接替平南王爵位。这一来,触动了吴三桂、耿精忠(耿仲明的孙子),他们想试探一下康熙帝的态度,假惺惺地主动提出撤除藩王爵位、回到北方的请求。

这些奏章送到朝廷,康熙帝召集朝臣商议。许多大臣认为吴三桂他们要求撤藩是假的,如果批准他们的请求,吴三桂一定会造反。

康熙帝果断地说:“吴三桂早有野心。撤藩,他要反;不撤,他迟早也要反。不如来个先发制人。”接着,就下诏答复吴三桂,同意他撤藩。诏令一下,吴三桂果然暴跳如雷。他自以为是清朝开国老臣,现在年纪轻轻的皇帝居然撤他的权,就非反不可了。

1673 年,吴三桂在云南起兵。为了笼络民心,他脱下清朝王爵的穿戴,换上明朝将军的

盔甲，在永历帝的墓前假惺惺地痛哭一番，说是要替明王朝报仇雪恨。但是，人们都记得很清楚，把清兵请进中原来的是吴三桂，最后杀死永历帝的还是吴三桂。现在他居然打起恢复明朝的旗号来，还能欺骗谁呢？

吴三桂在西南一带势力大，一开始，叛军打得很顺利，一直打到湖南。他又派人跟广东的尚之信和福建的耿精忠联系，约他们一起叛变。这两个藩王有吴三桂撑腰，也反了。

三藩一乱，整个南方都被叛军占领。康熙帝并没有被他们吓倒，一面调兵遣将，集中兵力讨伐吴三桂；一面停止撤销尚之信、耿精忠的藩王称号，把他们稳住。尚之信、耿精忠一看形势对吴三桂不利，又投降了。

吴三桂开始打了一些胜仗，后来清兵越来越多，越打越强，吴三桂的力量渐渐削弱，处境十分孤立。经过八年战争，他自己知道支撑不下去，连悔带恨，生了一场大病断了气。

1681年，清军分三路攻进云南昆明，吴三桂的孙子吴世潘自杀。清军最后平定了叛乱势力，统一了南方。

虎门销烟

虎门销烟是指中国清朝政府委任钦差大臣林则徐在广东虎门集中销毁鸦片的历史事件。此事后来成为第一次鸦片战争的导火线，《南京条约》也是那次战争后清政府签订的。

1839年6月3日（清道光十九年岁次己亥四月廿二），林则徐下令在虎门海滩当众销毁鸦片，至6月25日结束，共历时23天，销毁鸦片19 187箱、2 119袋，总重量2 376 254斤。

虎门销烟成为打击毒品的重要历史事件。虎门销烟开始的6月3日，民国时被定为不放假的禁烟节，而销烟结束翌日即6月26日也正好是国际禁毒日。

【课后思考】

清朝的腐败表现在哪些方面？

dú shǐ zhě　kǎo shí lù　tōng gǔ jīn　ruò qīn mù

读史者　考实录　通古今　若亲目

kǒu ér sòng　xīn ér wéi　zhāo yú sī　xī yú sī

口而诵　心而惟　朝于斯　夕于斯

【注释】

1. 考:考证,研究。

2. 实录:史书的一种体裁,主要是记录帝王日常活动和当时发生的大事件。

3. 通:精通。

4. 若:好像。

5. 诵:诵读,朗读。

6. 惟:思考。

7. 朝:早上。

8. 夕:晚上。

【译文】

我们读史书,一定要仔细研究记录历史事实的原始文献,只有这样才能通晓古今历史事件的前因后果,好像所有历史都亲眼见到一样。我们读书的时候,不仅要开口诵读,还要用心思考。白天和晚上都应该这样。

【名言成语】

熟能生巧

学而不思则罔,思而不学则殆。——《论语》

【课后思考】

如果你觉得自己读书的效果不好,请试一试古人的"三到法"(即心到,眼到,口到)吧。

勤学刻苦

xī zhòng ní　shī xiàng tuó　gǔ shèng xián　shàng qín xué
昔仲尼　师项橐　古圣贤　尚勤学

【注释】

1. **昔**:从前,古时候。
2. **师**:以……为师。
3. **古**:古代的时候。
4. **尚**:尚且,还。

【译文】

从前的圣人孔子,拜七岁的项橐为师,向他请教问题。古代的圣贤尚且如此勤奋、谦虚地学习,我们作为普通人,更应该奋发努力。

【知识拓展】

孔子拜师

项橐,是中国古代的神童。年仅七岁就当了孔子的老师。《孔子项橐相问书》讲述的就是孔子拜项橐为师的有趣故事。孔子周游列国,四处讲学,宣扬儒家思想。一天,他正坐车赶路,发现有三个小孩在玩,其中一个小孩用沙土堆成了一座城。这个小孩就是项橐。车被城挡住了,走不了了。可是这个小孩仍然在玩着,兴致勃勃,就像没看见一样。孔子下车,微笑着说:“你怎么不知道车来了要让路呢?”项橐这才抬起头来用大人的口气说:“从古至今,只听说车要绕城而过,哪有城要避开车的道理?”孔子听了非常诧异,小孩如此能言善辩,而且像成年人一样镇定自若。孔子对这个孩子产生了兴趣,决定要考考他,就问道:“你知道什么山上没有石头?什么水中没有鱼?什么门关不上?什么牛没法生牛犊?什么马不能生马

驹？什么刀上没有环？什么火没有烟？什么样的男人没有妻子？什么样的女人没有丈夫？什么时候白天短？什么时候白天长？什么树不长杈？什么样的城没有使者？什么人没有孩子？……”孔子一口气提了40多个问题。项橐认真听完,不慌不忙地回答:“土山,井水,空门,泥牛,木马,砍刀,萤火,仙人,仙女,冬天,夏天,枯树,空城,小孩……”这些问题涉及天文、地理、自然现象和家庭伦理道德等各个方面,内容广泛,项橐都能对答如流,滴水不漏。孔子佩服,连说六个“善哉”!

项橐并不知道自己面对的是人们所尊敬的孔子,就反问了几个问题,结果孔子一个也答不上来。连叹道:“后生可畏也。”孔子又说:“我车中有棋,咱们赌一盘吧。”谁知项橐一本正经地拒绝,振振有词地说:“我不赌博,天子好赌,天下就不能太平,天公也不作美;诸侯好赌,就无心思治理国家;官吏好赌,就会耽误处理文案;农民好赌,就会错过耕种庄稼的好时机;做学问的好赌,就会忘了诗书礼仪;小孩子好赌,该挨揍。赌博原来是无聊、无用的事,学它做什么?”孔子听了这些话,由赞赏变成了敬佩,他拜项橐为师。七岁的孩子从此名声远扬,而孔子以圣人之身,不耻以孩童为师,其举动也为天下人称赞。

【成语名言】

君子之约

童叟无欺

无贵无贱,无长无少,道之所存,师之所存也。

——韩愈《师说》

【课后思考】

作为一个学生,应该有什么样的学习态度?

zhào zhōng lìng　dú lǔ lún　bǐ jì shì　xué qiě qín

赵中令　读鲁论　彼既仕　学且勤

【注释】

1. **赵中令**:北宋政治家赵普,他曾做过中书令,相当于宰相。
2. **《鲁论》**:指当时鲁国流传的《论语》版本。
3. **彼**:指赵普。
4. **仕**:做官。

【译文】

北宋时候的赵普曾担任中书令,他经常翻看《论语》。赵普虽然已经是个高官,依旧知道要勤奋刻苦地学习。

【知识拓展】

半部《论语》治天下

赵普字则平，北宋初期的宰相，杰出的政治家、著名的谋士。他出生于幽州蓟县，宋太宗时任西京留守、河南尹兼中书令等，因此世称赵中书。赵普年轻时熟悉官吏应处理的事务，但读的书不多，等他做了宰相，太祖赵匡胤就经常劝他读书。赵普说："我听师旷说，'少年时喜好学习，就如同初升太阳的阳光一样灿烂；中年时喜好学习，就像正午太阳的阳光一样热烈；晚年时喜好学习，就像把持着火把点燃行走一样'，我应该好好读书。"于是赵普晚年读书勤奋，手不释卷，每次退朝后回到家，就关起门来开箱取书，整天阅读。等第二天处理政务时，得心应手。一天晚上，赵匡胤微服私访赵普家，走进他书房时，就见赵普在挑灯夜读，见他读的竟然是《论语》，就说："《论语》是儿童启蒙读物，怎么你还在读它？"赵普回答说："我已经用半部《论语》为您打得天下，还要用半部《论语》帮您治理天下。所以我没有一天不读它的。"赵普去世后，家里人打开箱子一看，原来是《论语》二十篇。赵普性情沉着且为人严肃、刚正，虽然对人刻薄，但是他能够以天下为己任。宋朝初年，在宰相职位上的人，大多过分谨慎，拘于小节，按常规办事，不多言语，赵普却刚毅果断，没有谁能和他比。

【成语名言】

君子曰，学不可以已。

——荀子《劝学》

学习是终身的职业。在学习的道路上，谁想停下来就要落伍。

——钱伟长

【课后思考】

你如何看待"活到老，学到老"这句话？

pī pú biān 披蒲编 xiāo zhú jiǎn 削竹简 bǐ wú shū 彼无书 qiě zhī miǎn 且知勉

【注释】

1. 披：翻阅，阅读。

2. 削：用刀削。

3. 彼：路温舒和公孙弘。

4. 勉：勤勉。

【译文】

西汉时候的路温舒把借来的书抄在用蒲草编起来的书册上，公孙弘把借来的书抄在削成片的竹简上。那时候他们没有书读，尚且知道要勤奋努力地学习。

【知识拓展】

路温舒编蒲抄书

路温舒，西汉著名的司法官。字长君，巨鹿（今河北）人。信奉儒家学说。起初学习律令，当过县狱吏、郡决曹史；后来又学习《春秋》经义，举孝廉，当过廷尉奏曹掾、守廷尉史、郡太守等职。宣帝即位，他上疏请求改变重刑罚、重用治狱官吏的政策，主张“尚德缓刑”，“省法制，宽刑罚”，并受到重视。

路温舒自幼聪明好学，但路家世代务农，穷得连饭都吃不饱，哪里有钱供孩子上学读书？他小小年纪就要放牛割草，帮助大人干农活。

每天，他看着那些有钱人家的孩子到学堂去读书，心里非常羡慕。他不甘心，决心自学，一定要想办法念书习字。

有一天，路温舒去割草，不知不觉就来到了学堂。学堂只有两间塾室，一个老师，十几个学童。连院墙也没有，开窗便是开阔的草地。路温舒一看大喜，他急忙把草筐割满，就悄悄地来到塾室窗外偷听老师讲课。他用心听讲，只半天时间竟学会了十几个字，这使他欣喜若狂。第二天，他又把牛牵到学堂外边，他拴好牛让它随便吃草，自己又悄悄来到学堂窗下偷偷听讲，到中午又学会了十几个字，下午他又来学习。

几天后，老师终于发现了这个窗外偷听的学生，仔细问过以后，才知道这个叫路温舒的小孩虽然喜爱读书，但因家贫无力上学。看这个孩子为了读书竟一边割草放牛，一边来学堂听课，老师被感动了。他又问了问这几天听的课程，小温舒对答如流，使老师非常惊奇，心想这是一个非常聪明、好学的孩子，将来一定大有前途。可是路温舒交不起学费怎么上学？老师有些犯难：如果自己不收学费，此例一开，将不好收场。看着正在吃草的牛，老师突然灵机一动，说；“你想听就来窗外听吧！白天没时间，你就晚上来！”小温舒高兴得连连给老师磕头。

就这样，路温舒一边割草放牛，一边在学堂窗外听课。他起早贪黑地学习，几年以后，学业大有长进。学堂里老师的教材他几乎读完了，随着知识的增长，他的求知欲越来越旺。后来通过老师的介绍，他到邻村李家去借书看。李家是当地的望族，藏书十分丰富。

路温舒每借一卷，都高兴得手舞足蹈，每晚点灯夜读，一直到鸡鸣才和衣而睡。读完还书时他又恋恋不舍，想如果自己把书抄下来该多好。但自己家穷，买不起做书简的竹子，这如何是好？一时没有办法，只好把借阅的书读懂、吃透，记清、背熟。常言道“好心不如淡墨”，读过的书到用的时候，往往又不敢叫准，这就更增强了他抄书的念头。

一天，他借来一部《尚书》，读着读着，不觉就神游于先王古朴神奥的世界之中，以致废寝忘食，爱不释手。心想一定要把这部书抄录下来，永远保存。用什么抄呢？他苦苦地思索着。他来河边放牛，见河中蒲草茂盛，郁郁葱葱。他眼前一亮：这蒲草宽宽的叶子，不正像竹简吗？把它晒干，在上面写字抄书，再把蒲叶用线编起来正如韦编的竹简一样，携带起来又比竹简更轻、更方便。这一发现几乎使路温舒高兴得叫起来。

他当即割了许多蒲草就地晾晒，等蒲草干了以后，就在蒲草叶子上用心地、仔细地抄写《尚书》，然后把这些写满字的蒲叶按序串编在一起。他情不自禁地把蒲编举起来喊道：“我有书了，我有书了！”家人和四邻都吃惊地望着他，以为他疯了。

从此，路温舒学习更加勤奋，不断地借书、抄书，不断地割蒲、串编。几年以后，他抄完了四书、五经、三坟、五典、八索、九丘，乃至《国语》《国策》《春秋》三传。他抄写的蒲编整整装满了他住的屋子，一直顶到房梁。他也成了一个满腹经纶的年轻学子。

一天，路温舒正在河边割蒲草，突然有人问：“你总是割蒲草，也没见你编出什么东西来，你割蒲草到底有什么用处？”他抬头一看，原来是镇子上丘家的姑娘，这姑娘比自己小几岁，已经出落得像一朵花。他不好说明只是笑了笑，又低下头割蒲草，这更引起了丘姑娘的好奇。

丘姑娘决定自己看个究竟。一天午后，她来到路家院里。看到路温舒正趴在地上用心地在蒲叶上写字，他身旁蒲叶片片，有的已经写满了字，有的还没有写，这下她明白了，心想他竟用割蒲草写字抄书，志气不小。她又到屋里一看，见抄写好的蒲编把屋子装得满满的，一直顶到了屋梁。她十分敬佩这个青年人的好学和志气。她出来和路温舒攀谈，见他谈吐得当，温文尔雅，满有学士之风，知道他已学有所成。

几天以后，丘家来路家提亲。这使路家大为惊喜，贫穷如此竟有人主动上门提亲，不过路温舒的父母在惊喜之余又愁上心来：家中穷得不用说钱，连件像样的东西也没有，拿什么作聘礼呢？丘家看出路家的心思，就笑着说：“我家姑娘说了，她什么聘礼也不要，就要三片抄写好的蒲编！”

过聘礼这天，路家请来几名吹鼓手，吹吹打打，人们忙出来看聘礼，只见路家人抬出三片写满字的蒲编，都惊奇地闭不上嘴，一打听原来是抄写的书，都不住地赞叹。

结婚以后，路温舒学习更加努力，除了农事劳动，就是读书、抄书。妻子替她割蒲，晾晒编蒲成书，使他的学业大有长进。本郡太守听说路温舒编蒲抄书刻苦学习的事迹很为赞赏，就把他招入郡守府。

路温舒来到郡府，太守见他果然有文士之风，就问道：“孔子与老子、庄子之道有何不同?”温舒从容回答说:“圣人贵名教,老庄明自然,其表各执其一,其实皆出一源。”太守大喜。就让温舒当了他的幕僚。路温舒非常有才干,他办事认真,多谋善断,又清廉自律,深得太守的信任,他的名声也越来越大。

几年以后,皇帝也知道了路温舒编蒲抄书的事情,很受感动,又听说他满腹锦绣、才华横溢,就特派使者,以安车蒲轮、束帛加璧的重礼相聘。这是当时聘请贤士的最高礼遇。所谓安车就是一种专门供贵人乘坐的小车,蒲轮是用蒲草包裹车轮,以减轻行车时的振动。

路温舒由于学识广博,见了皇帝也对答如流,皇帝非常高兴,当即授为博士,侍从左右。后来又晋升为廷尉,贵为九卿。成了朝廷要员,但路温舒仍旧把那些蒲编带在身边,以时时鞭策自己。以后他又把这些蒲编作为精神财富,留传给他的后人。

【成语名言】

书非借不能读。

——《黄生借书说》

【课后思考】

在今天我们学习文化知识都有哪些途径,我们该怎样更好地利用这些途径呢?

tóu xuán liáng　zhuī cì gǔ　bǐ bú jiào　zì qín kǔ

头悬梁　锥刺股　彼不教　自勤苦

【注释】

1. 头悬梁:指把头发悬挂在屋子的梁上。
2. 悬:悬挂。
3. 锥:锥子。
4. 股:大腿。
5. 教:教育,教导。
6. 自:自己。

【译文】

汉朝时候的孙敬为了不让自己打瞌睡,晚上读书的时候把头发悬挂在屋梁上;战国时期的苏秦读书时,困了就用锥子刺自己的大腿来提神。他们那时候读书没有人教导和督促,自己就知道要勤奋刻苦。

【知识拓展】

苏秦刺股勤学

战国时期,有一个人名叫苏秦,是出名的政治家。年轻时,由于学问少,到好多地方做事都不被重用。回家后,家人对他也很冷漠,瞧不起他。这对他刺激很大。所以,他下定决

心,发奋读书。他把自己积存的几十箱书全找出来,精心挑选,反复诵读,细心揣摩,经常读到深夜。有时候,读着读着就趴在书案上睡着了。每次醒来后,看见时间已经过去了很多,他总是痛骂自己无用。可是一时又找不到有效的办法来防止自己打瞌睡。

有一次,他读着读着又开始犯困了,身子不由自主地扑在了书案上。桌上正好放着一把锥子,锥子刺痛了他的手臂,他一下子清醒过来了。他看着锥子,忽然想出了一个制止自己打瞌睡的办法:用锥子扎自己的大腿。以后,每到倦意袭来的时候,他就拿起锥子,朝大腿狠扎几下,常常扎得鲜血淋淋,血沿着小腿,一直流到地上。他的家人见他这样,于心不忍,就规劝他说:"你为什么非要这样折磨自己呢?只要你下定决心,坚持不懈,就一定会成功的。"苏秦却回答说:"我之所以这样做,是为了使自己不要忘记过去的耻辱,促使我更加刻苦读书。"

经过一番努力,他终于得到了六国君主的重用,佩挂六国相印,开始了辉煌的政治生涯。

【成语名言】

韦编三绝

凿壁借光

书山有路勤为径,学海无涯苦作舟。

——韩愈

【课后思考】

今天的我们应该如何认真上好每一节课?

rú náng yíng　rú yìng xuě　jiā suī pín　xué bú chuò

如囊萤　如映雪　家虽贫　学不辍

【注释】

1. **囊萤**:用袋子装萤火虫。这里是说车胤的故事。囊,一种口袋。

2. **映雪**:映着雪光。这里是说孙康的故事。

3. **虽**:虽然。

4. **辍**:停止。

【译文】

晋朝时候,车胤在夏天把萤火虫装到袋子里,用萤火虫发出来的光看书;孙康在冬天晚上借着白雪反射出来的光苦读。他们虽然家境贫寒,却依然不停地学习。

【知识拓展】

囊萤

晋代时,车胤从小好学不倦,但因家境贫困,父亲无法为他提供良好的学习环境。为了维持温饱,没有多余的钱买灯油供他晚上读书。为此,他只能利用白天时间背诵诗文。

夏天的一个晚上,他正在院子里背一篇文章,忽然见许多萤火虫在低空中飞舞。一闪一闪的光点,在黑暗中显得有些耀眼。他想,如果把许多萤火虫集中在一起,不就成为一盏灯了吗?于是,他去找了一个口袋,随即抓了几十只萤火虫放在里面,再扎住袋口,把它吊起来。虽然不怎么明亮,但可勉强用来看书。

从此,只要有萤火虫,他就去抓一把来当作灯用。由于他勤学苦练,后来做了职位很高的官。

映雪

晋代孙康由于没钱买灯油,晚上不能看书,只能早早睡觉。他觉得让时间这样白白跑掉,非常可惜。

一天半夜,他从睡梦中醒来,把头侧向窗户时,发现窗缝里透进一丝光亮。原来,那是大雪映出来的,可以利用它来看书。于是他倦意顿失,立即穿好衣服,取出书籍,来到屋外。

宽阔的大地上映出的雪光,比屋里要亮多了。孙康不顾寒冷,立即看起书来,手脚冻僵了,就起身跑一跑,同时搓搓手。

此后,每逢有雪的晚上,他都不放过机会,孜孜不倦地读书。这种苦学的精神,促使他的学识突飞猛进,成为饱学之士。后来,他当了一个大官。

【课后思考】

我们应如何珍惜今天的学习条件?

rú fù xīn　rú guà jiǎo　shēn suī láo　yóu kǔ zhuó

如负薪　如挂角　身虽劳　犹苦卓

【注释】

1. **负**:背,挑担。

2. **挂角**:把书挂在牛角上,这里是说李密的故事。

3. **身**:身体。

4. **劳**:劳累。

5. **犹**:还是。

6. **卓**:卓越。

【译文】

汉朝的朱买臣一边挑着柴火一边读书;隋朝的李密骑着牛,把书挂在牛角上,一边走路一边看书。他们每天干活已经很累了,却依然坚持勤学苦读。

【知识拓展】

朱买臣负薪读书

汉朝时候的朱买臣,小时候家里很穷。为了维持生活,他每天都得上山砍柴,没有时间读书。但是他好学不倦,常常背着柴一边走路一边看书。

李密挂角读书

隋朝有一个叫李密的人,小时候给人家放牛。每天出去都要带几本书挂在牛角上,趁牛吃草的时候,他就坐在草地上用心读书。

【课后思考】

我们应如何抓紧时间来学习?

sū lǎo quán　èr shí qī　shǐ fā fèn　dú shū jí

苏老泉　二十七　始发奋　读书籍

bǐ jì lǎo　yóu huǐ chí　ěr xiǎo shēng　yí zǎo sī

彼既老　犹悔迟　尔小生　宜早思

【注释】

1. 苏老泉:北宋文学家苏洵,号老泉。
2. 始:开始。
3. 彼:指上面提到的苏洵。
4. 犹:还,仍然。
5. 尔:你,你们。
6. 宜:应该。

【译文】

北宋文学家苏洵,二十七岁的时候才开始下决心努力读书。苏洵上了年纪的时候,仍然后悔自己读书太晚了。你们年轻人,应该早点觉悟,早点开始读书。

【知识拓展】

苏洵发奋读书

眉山苏洵,年少的时候不喜欢读书,到了青壮年的时候还不知道要去读书,二十七岁了才开始努力读书,他烧了自己之前看的书,关门研读经典,五六年就对六经和各个学派的学说十分有研究。北宋嘉祐初年,苏洵和两个儿子苏轼、苏辙到京城,欧阳修把他的文章献到了朝堂之上,大臣们争着看他的文章。两个儿子参加科举进士的考试,成绩都在优等。从此,苏家父子名声震动了京城,人们把他们叫作"三苏",苏洵是老苏,苏轼是大苏,苏辙是小苏。

【名言成语】

大器晚成

花开堪折直须折,莫待无花空折枝。

——杜秋娘《金缕衣》

【课后思考】

你觉得现在的年轻人最应该做的是什么？

ruò liáng hào　bā shí èr　duì dà tíng　kuí duō shì

若梁灏　八十二　对大廷　魁多士

bǐ jì chéng　zhòng chēng yì　ěr xiǎo shēng　yí lì zhì

彼既成　众称异　尔小生　宜立志

【注释】

1. **若**：比如。
2. **对大廷**：指参加殿试，回答皇帝的提问。对，回答。
3. **魁**：夺魁，取得第一。
4. **彼**：指梁灏。
5. **众**：众人，其他人。
6. **异**：不同寻常。
7. **立志**：树立志向。

【译文】

比如梁灏，八十二岁的时候参加殿试，在众多的考生中取得了第一名的好成绩。梁灏考取状元获得成功后，众人都表示惊异和佩服。你们这些年轻人，更应该早早立下志向，勤奋读书。

【知识拓展】

八十二岁的状元

梁灏出生在五代丨国时期，从小就非常喜欢读书，很小的时候就立志考取状元，还说过一句壮言："不考中状元不罢休！"为了实现自己的理想，他坚持每天刻苦读书，研究学问。

他四十岁的时候，觉得自己已经掌握了很多知识，拥有考取状元的才华了，就去参加了五代后晋天福三年的科举考试，结果令人很失望，他榜上无名。但梁灏依旧没有气馁，回家之后，一如既往地努力读书，甚至更加刻苦。始终坚持自己的理想，不放弃任何一次考试的机会，年复一年地参加

科举。

从后晋、后汉、后周一直到宋朝,黑发变白发,脸上也不经意间爬满了皱纹。他的恒心和毅力终于得到了回报,苍天不负有心人,他在八十二岁那年,终于考取了状元。

【课后思考】

你听说过老人参加高考的故事吗?你怎么看待这些老人重新走进学堂?

yíng bā suì néng yǒng shī mì qī suì néng fù qí

莹八岁 能咏诗 泌七岁 能赋棋

bǐ yǐng wù rén chēng qí ěr yòu xué dāng xiào zhī

彼颖悟 人称奇 尔幼学 当效之

【注释】

1. **莹**:祖莹,北齐人。

2. **咏**:吟咏。

3. **泌**:李泌,唐朝人。

4. **赋棋**:以下棋为题作诗。

5. **彼**:指祖莹和李泌。

6. **称奇**:表示惊讶和感叹。

7. **当效之**:指应该学习他们。

8. **效**:仿效,学习。

【译文】

祖莹八岁的时候就能吟诗,李泌七岁的时候就能以下棋为题作诗。祖莹和李泌从小就表现出过人的聪明才智,人们都表示惊奇。你们这些刚刚开始学习的孩子,应当好好地效仿他们。

【知识拓展】

祖莹八岁诵咏

祖莹,字元珍,北朝范阳遒县(今河北涞水县北)人。他出生在世代做官的人家,小时候既聪明,又勤奋,八岁就能背诵《诗》和《书》,并且还会作诗写文章。亲戚们都称赞他是"圣小儿",意思是小神童。

据《魏书》记载,祖莹读书非常刻苦。他总觉得白天的时间不够用,因此常常夜里攻读。父母怕他累坏身体,多次阻止,不让他夜里看书。但他学习如饥似渴,觉得晚上不读书太可惜。父母为这事常犯愁。一天,父母把家里的灯盏、烛台都藏了起来。祖莹知道这是父母

不让他夜读，就悄悄地把火炭拣在小炉子里，然后盖上一层薄薄的灰。一到夜晚，他拨开灰层，将炭吹红，再用衣服、被子把窗户遮上，不让光线透出去。就这样坚持刻苦攻读，博览群书。

为了学到更多的知识，他又拜当时的中书博士张天龙为师，学习《尚书》。祖莹投师后，学习更加刻苦用功。有一次，老师清早就要给同学们讲《尚书》，祖莹由于读了一夜没有睡觉，昏头昏脑地把另一个同学的一本《曲礼》当作《尚书》拿去上课。到了课堂才发现自己拿错了书，可是老师很严格，他不敢回去换书，只好硬着头皮听讲。这堂课刚好老师叫他读《尚书》。由于祖莹平时非常努力，早就会背《尚书》了，他虽然没带课本，可是凭自己的记忆，照样准确地背诵了三篇《尚书》，一字不漏。

北魏当政人物很注意这个远近闻名的“圣小儿”，就选拔他去做“中书学生”。这使祖莹获得了更好的学习环境，加上他刻苦不懈地攻读，长大后终于成为了一个很有知识的学者。他才华出众，远近闻名，很受当时皇帝的赏识，被任命为太学博士、殿中尚书、车骑大将军，并有文集流传于世。

陈平忍辱苦读书

陈平，西汉名相，少时家贫，与哥哥相依为命，为了秉承父命，光耀门庭，不事生产，闭门读书，却为大嫂所不容。为了消除兄嫂的矛盾，他面对一再羞辱，隐忍不发。随着大嫂的变本加厉，终于忍无可忍，离家出走，欲浪迹天涯。被哥哥追回后，又不计前嫌，阻兄休嫂，在当地传为美谈。终有一老者，慕名前来，免费收徒授课，他学成后，辅佐刘邦，成就了一番霸业。

王羲之吃墨

被后人称为“书圣”的王羲之，小的时候是一个呆头呆脑的孩子，每天都带着自己心爱的小鹅闲逛。王羲之每天刻苦练字，却被老师卫夫人称为死字，王羲之很是苦恼，在小鹅的启发下，王羲之在书房写出了金光灿灿的“之”字，但却误将馒头蘸墨汁吃到了嘴里，留下了王羲之吃墨的故事。

【课后思考】

你认为人成才最关键的是什么？

cài wén jī néng biàn qín xiè dào yùn néng yǒng yín

蔡文姬 能辨琴 谢道韫 能咏吟

bǐ nǚ zǐ qiě cōng mǐn ěr nán zǐ dāng zì jǐng

彼女子 且聪敏 尔男子 当自警

【注释】

1. **蔡文姬**:东汉著名的一位才女。
2. **辨琴**:分辨琴音。
3. **谢道韫**:东晋的一位女诗人。
4. **咏吟**:写诗,作诗。
5. **彼**:指蔡文姬和谢道韫。
6. **且**:尚且。
7. **警**:警醒。

【译文】

汉朝才女蔡文姬十岁就能分辨琴音,东晋女诗人谢道韫七岁就能吟诗、作诗。作为女子的蔡文姬和谢道韫尚且如此聪慧,你们是男子汉,更应该自我警醒,努力充实自己。

【知识拓展】

蔡文姬辨琴

我国历史上有一位著名的女文学家、音乐家,她的名字叫蔡琰,人们用她的字称呼她,叫她蔡文姬。蔡文姬生活在东汉末年,她的父亲蔡邕是著名的文学家、书法家,还弹得一手好琴。在父亲的熏陶下,蔡文姬从小喜欢音乐。每次父亲弹琴的时候,她都坐在旁边用心地听。蔡文姬六岁的时候,有一天夜里,父亲还没睡,好像有什么心事的样子。蔡文姬见父亲心情不好,就对父亲说:“父亲,您看窗外月亮多美啊。夜晚这么宁静,您还是弹个曲子吧!”蔡邕点点头,摆好琴弹了起来。他在演奏的时候,想起自己的不幸遭遇,琴声也变得低沉、凄凉起来。文姬看到父亲那么全神贯注,就悄悄退到了外屋。不一会儿,琴声渐渐变得激昂,突然“啪”地一声,琴弦断了。蔡文姬在外屋大声说:“父亲,第二根弦断了吧?”

父亲低头一看，女儿说得丝毫不差，心里诧异，就说："你是猜的吧？"说完，蔡邕把断弦接好，继续弹奏。这回，他要试试女儿的听力。所以过了一会儿，故意绷断了一根弦。没等他问，蔡文姬就说："父亲，这回是第四根弦断了。"蔡邕看女儿又说对了，推开琴，到外屋把六岁的蔡文姬抱起来，问："你是怎么听出来的？"蔡文姬搂着父亲的脖子说："您给我讲过，古时候，吴国的公子季札听琴声能知道一个国家的兴亡，晋国的乐师师旷听琴声能知道楚国要打败仗。您弹琴的时候，心里高不高兴我都能听出来，哪根弦断了还听不出来吗？"蔡邕满意地笑了。从这以后，他就把弹琴的技艺全都教给了女儿。蔡文姬在父亲的培养下，很快就精通琴艺，后来成了一名出色的音乐家。

勾践卧薪尝胆

公元前496年，吴王阖闾派兵攻打越国，但被越国击败，阖闾也伤重身亡，阖闾让伍子胥选后继之人，伍子胥独爱夫差，便选其为王。此后，勾践闻吴国要建一水军，不顾范蠡等人的反对，出兵要灭此水军，结果被夫差奇兵包围，大败，大将军也战死沙场。夫差要捉拿勾践，范蠡出策，假装投降，"留得青山在，不愁没柴烧。"夫差也不听老臣伍子胥的劝告，留下了勾践等人。勾践饱受屈辱，终被放回越国。他暗中训练精兵，每日晚上睡觉不用褥，只铺些柴草（古时叫薪），又在屋里挂了一个苦胆，他不时会尝尝苦胆的味道，为的就是不忘过去的耻辱。勾践为鼓励民众就和王后与人民一起参与劳动，在越人同心协力之下让越国强大起来。一次夫差带领全国大部分兵力去赴会，要求勾践也带兵助威，勾践见时机已到，假装赴会。勾践领3 000精兵，拿下吴国主城，杀了吴国太子，又擒了夫差，夫差后悔当初未听伍子胥言，留下了勾践，死前，他只求不要伤害吴国百姓。

【课后思考】

在我国历史上还有很多的才女，你能再说出几个吗？

táng liú yàn fāng qī suì jǔ shén tóng zuò zhèng zì
唐刘晏 方七岁 举神童 作正字

bǐ suī yòu shēn yǐ shì ěr yòu xué miǎn ér zhì yǒu wéi zhě yì ruò shì
彼虽幼 身已仕 尔幼学 勉而致 有为者 亦若是

【注释】

1. **唐**：唐朝。

2. 方:才。

3. 举:推荐,推举。

4. 作:做,担任。

5. 正字:古代的官名,与校书郎同掌校勘典籍之事。

6. 彼:指刘宴。

7. 身已仕:已经当官,走上了仕途。

8. 勉而致:指通过努力而做到。勉,勤勉,刻苦。致,做到,到达。

9. 有为者:有作为的人。

10. 亦:也。

【译文】

唐朝时期的刘宴,七岁时就被推举为神童,担任了"正字"这个官职。刘宴虽然年幼,但已经当上了官,开始走上仕途。你们这些刚开始学习的人,只要努力勤勉,也能有所成就,天下有作为的人都是这样的啊!

【知识拓展】

刘宴正字

唐朝刘宴自幼聪明,特别喜欢读书,七岁已经满腹经纶,被称为神童。他不但好学,而且可贵的是从不恃才自傲,并且蔑视权贵。他刚刚被授予翰林院正字不久,有一天唐玄宗和杨贵妃召见他,杨贵妃想不到翰林院还有一个活泼可爱的小孩,就把他抱在膝盖上玩,还给他梳头。唐玄宗开玩笑对他说:"我封你为正字,你知道天下端正的字有多少吗?"刘宴想到当时朝廷宠幸奸臣,有些人朋党为奸,于是答道:"四书五经之中,每个字都很端正,只有'朋'字不端正。"

【课后思考】

我们在学习、成长的过程中会遇到各种各样的困难,你会怎样去克服?举个例子和大家分享一下吧。

quǎn shǒu yè　jī sī chén　gǒu bù xué　hé wéi rén

犬守夜　鸡司晨　苟不学　曷为人

cán tǔ sī　fēng niàng mì　rén bù xué　bù rú wù

蚕吐丝　蜂酿蜜　人不学　不如物

【注释】

1. **犬**:狗。

2. **司晨**:指负责清晨报晓打鸣。司,掌管。

3. **苟**:如果。

4. **曷**:怎么,如何。

5. **蚕**:春蚕。

6. **蜂**:蜜蜂。

7. **物**:动物。

【译文】

狗在晚上会看守家门,鸡在早上负责打鸣报晓,我们如果不学习本领,还怎么做人呢?春蚕会吐丝,蜜蜂会酿造蜂蜜,一个人如果不学本领,就连动物都不如了啊!

【课后思考】

我们应该如何做一个有用之人?

yòu ér xué　zhuàng ér xíng　shàng zhì jūn　xià zé mín

幼而学　壮而行　上致君　下泽民

yáng míng shēng　xiǎn fù mǔ　guāng yú qián　yù yú hòu

扬名声　显父母　光于前　裕于后

【注释】

1. **幼**:年幼。

2. **壮**:成年后,壮年。

3. **致君**:辅佐君王。

4. **泽民**:恩泽百姓。泽,恩泽。

5. **扬**:宣扬,传播。

6. **显**:显扬,显耀。

7. **光于前**:指为祖先增光。光,光荣,增光。前,祖先,前辈。

8. **裕于后**:指造福子孙后代。裕,富裕,富足。后,后辈,后代。

【译文】

我们小的时候要好好学习,长大之后把所学的知识运用到实践之中。对上辅佐君王,对下恩泽百姓。这样我们就能宣扬自己的名声,使自己的父母感到荣耀,为祖先增光,还能造福自己的子孙后代。

【知识拓展】

范仲淹心存天下

范仲淹两岁的时候父亲就去世了,母亲失去了依靠,就抱着范仲淹改嫁到了长山的朱家。朱家是长山的富户。范仲淹为了磨砺自己,就去附近山上的醴泉寺寄宿读书。在寺里,他过得很苦,早上煮一碗稠粥,待凉后,将其划成四块,早晚各取两块,调拌些醋汁,拌几根腌菜吃,吃完继续读书。

年纪稍大些,范仲淹知道了自己的身世,含着眼泪告别母亲,离家去应天府的南都学舍读书。后来中了进士当了官。他心存天下,认真为黎民百姓做事,不惧怕艰难险阻。为修理黄海海堤,他亲临堤坝,现场指导,毫无惧色。绵延数百里的长堤阻住了潮汐海浪,人民的生命财产安全得到了保障。后人称这条长堤为"范公堤"。

后来,在晏殊的推荐下,范仲淹进京做官。他尽心尽力地为皇帝分忧解难。他主持改革,解决了当时朝廷积重难返的许多重大问题,促进了北宋的繁荣与昌盛。

范仲淹为百姓和朝廷所做的努力与贡献,受到当时和后人的赞扬,特别是他"先天下之忧而忧,后天下之乐而乐"的襟怀,影响了千千万万人,成为中华民族乃至世界人民的宝贵精神财富。

【成语名言】

先天下之忧而忧,后天下之乐而乐。

——范仲淹《岳阳楼记》

【课后思考】

你的理想是什么?你打算如何回报自己的父母?

rén yí zǐ jīn mǎn yíng wǒ jiào zǐ wéi yì jīng
人遗子 金满赢 我教子 惟一经

qín yǒu gōng xì wú yì jiè zhī zāi yí miǎn lì
勤有功 戏无益 戒之哉 宜勉力

【注释】

1. **人**:别人。

2. **遗**:遗留。

3. **金满赢**:指满筐的黄金。赢,竹筐。

4. **教**:教育。

5. **惟**:只,只有。

6. **勤**:勤奋,努力。

7. **戏**:嬉戏,游戏。

8. **戒之哉**:指要以此为警戒。戒,警戒,防备。

【译文】

别人留给孩子满筐的黄金,我留下来教育孩子的只有一本《三字经》。勤奋苦读一定会有成效,嬉戏玩乐肯定没有好处,你们一定要以此为警戒,多努力上进。

【知识拓展】

疏广教子

西汉后期有位才子叫疏广,曾担任朝廷的博士、太子的老师,地位极其显赫。

他告老还乡时,皇帝和太子赐给他很多金银钱财。他回到家乡后,把这些金银钱财全部分给了周围贫苦的人,自己既不置田产,更不给子孙留一点财产。有人劝他不要这样做,疏广说:"我不是不喜欢我的儿孙们,我是怕他们因为生活安逸而不能发挥自己的聪明才智。如果只留钱财给他们,那不是害了他们吗?"

【成语名言】

一分耕耘,一分收获。

业精于勤,荒于嬉;行成于思,毁于随。

——韩愈《进学解》

【课后思考】

参加技能大赛的同学经过刻苦训练,会有什么收获呢?